세계 축제경영

세계 축제경영

지은이_ 김춘식·남치호

1판 1쇄 발행_ 2002. 12. 10.

개정판 1쇄 인쇄_ 2016. 3. 5.
개정판 1쇄 발행_ 2016. 3. 11.

발행처_ 김영사
발행인_ 김강유

등록번호_ 제406-2003-036호
등록일자_ 1979. 5. 17.

경기도 파주시 문발로 197(문발동) 우편번호 10881
마케팅부 031)955-3100, 편집부 031)955-3250, 팩시밀리 031)955-3111

값은 뒤표지에 있습니다.
ISBN 978-89-349-5675-4 03690

독자의견 전화_ 031) 955-3200
홈페이지_ http://www.gimmyoung.com   카페_ cafe.naver.com/gimmyoung
페이스북_ facebook.com/gybooks   이메일_ bestbook@gimmyoung.com

좋은 독자가 좋은 책을 만듭니다.
김영사는 독자 여러분의 의견에 항상 귀 기울이고 있습니다.

Festival

세계 축제경영

김춘식 · 남치호 지음

김영사

들어가는 글

1999년 여름, 우리는 세계 축제여행을 시작하였다. 프랑스의 아비뇽 페스티벌로부터 시작된 우리의 축제여행은 그 해에는 오스트리아 잘츠부르크 음악제, 영국의 에딘버러 프린지 축제와 군악대 축제, 뮌헨의 맥주 축제를, 그리고 2000년에는 프랑스의 니스 카니발과 망똥 레몬 축제, 이탈리아의 베네치아 카니발과 일본의 하카다 마쯔리를, 2001년에는 캐나다 캘거리 스탬피드와 몬트리올 재즈 페스티벌을 둘러보았다. 이들은 모두 그 분야에서 세계 최고 수준에 속하는 유명 축제들이다.

우리가 이렇게 세계의 유명 축제들을 찾아다니게 된 것은 현실적이고 분명한 목적이 있었기 때문이다. 우리는 1997년부터 시작된 '안동 국제탈춤 페스티벌'의 기획과 운영에 주요 멤버로 참여하고 있었다. 당시 우리의 판단으로는 이 축제를 하루빨리 국제적인 축제로 성공시키기 위해서는 세계적으로 유명한 축제의 성공 사례를 직접 보고 그 노하우를 도입해 오는 것이 가장 빠른 길이라고 판단하였다.

우리는 이를 위해 지난 3년 동안 세계의 유명 축제들을 찾아다니며 직접 관람하고, 촬영하고, 관계자를 인터뷰하고, 현지에서 축제운영에 관한 상세하고 풍부한 자료들을 수집하였다.

여기에서 터득한 축제의 기법과 노하우들은 즉시 다음 해의 축제에 반영하였고, 축제는 엄청난 속도로 개선되어 갔다. 그리하여 안동 국제탈춤 페스티벌은 불과 5년이라는 짧은 기간 동안 엄청나게 빠른 속도로 성장하여 왔고, 그 결과 각종 축제평가에서 국내 최고의 지역축제로 인정받기에 이르렀다. 즉, 개최 3년 만에 문화관광부 평가 전국 2위 축제가 되었고, 2000년도와 2001년에 개최된 축제에서 연속 1위를 차지하였다.

물론 이와 같은 평가는 어디까지나 상대적 평가에서 나온 비교우위이기 때문에 아직도 많은 개선 과제를 지니고 있는 것도 부인할 수 없는 사실이다.

'안동 국제탈춤 페스티벌'의 놀라운 발전이 지역주민과 지방자치단체 그리고 수많은 사람들의 합심과 협력의 결과이지만, 세계 유명축제의 노하우를 벤치마킹하여 지속적으로 반영한 것이 축제의 빠른 성장에 결정적으로 기여하였다고 우리는 확신하고 있다.

지금 이 시점에서 필자들은 그 동안 우리가 알게 된 지식과 노하우를 필요로 하는 이들에게 전해주어야 한다는 의무감을 가지게 되었다. 이것은 어쩌면 학자로서 당연한 소명의식 때문이기도 하고, 아직도 단순 모방 단계를 벗어나지 못하고 있는 우리 나라 지역축제 수준을 한 단계 레벨 업(level-up)시켜야 한다는 시대적 요구 때문이기도 하다. 지방자치제의 실시 이후 우리 나라의 지역축제는 그 수가 폭발적으로 늘어났다. 그 결과 전국적으로 지역축제가 1998년에는 480개, 2001년에는 약 800개에 달하고 있는 실정이다. 그러나 아직도 몇몇 축제를 제외하고는 전례를 그대로 답습하거나 모방하는 수준을 벗어나지 못하고 있는 실정이다. 따라서 많은 예산을 투입하고도 프로그램의 내용이나 운영이 부실하여 지역민이나 관광객들로부터 외면당할 뿐만 아니라, 고비용 저효율의 축제를 개최하고 있는 경우가 대부분이다.

외국의 축제에 관해 체계적으로 소개한 책은 국내에 많지 않다. 더구나 기존에 나와 있는 책들도 대부분 수박 겉 핥기 식의 피상적인 수준에서 소개하고 있는 것들이 대부분이다. 사정이 이러하다 보니 보다 깊은 지식과 노하우를 원하는 축제

기획가, 지방자치단체의 공무원, 학자들에게는 실질적인 도움을 주지 못하고 있다. 이 책은 무엇보다도 축제기획가와 실무자들에게 실제적인 아이디어와 도움을 주고자 한 목적으로 만들어졌다. 각 장르별로 세계 수준의 축제들을 대상으로 주제 설정에서부터 홍보와 인터넷 시대의 마케팅 전략에 이르기까지 축제 전반에 관한 노하우를 깊이 있게 다루었다.

《세계축제경영》이 출간된 지도 벌써 10년이 되었다. 독자들의 뜨거운 사랑과 성원 덕분에 이 책은 지난 10년간 축제 분야의 베스트셀러의 자리를 꾸준히 지켜왔다.

전국의 여러 대학에서 이 책을 교재로 강의를 개설하고 있으며, 축제를 연구하는 사람이라면 반드시 읽어야 하는 책으로 자리 잡았다. 조선일보를 비롯한 국내 유수의 일간지들이 본서를 소개하였고, 동아일보에서는 2010년에 연재한 '축제 이야기 20선'에 소개하기도 하였다. 인터넷에서도 '세계 축제'를 검색하면 거의 대부분의 내용이 《세계축제경영》에서 발췌하거나 인용한 내용들로 채워져 있음을 알 수 있다.

저자로서의 보람은 이 책이 그동안 우리나라 축제발전에 일정 부분 기여를 하였다는 점이다. 많은 축제기획자들이 이 책을 읽고 자신들의 축제를 새롭게 변화시키고 발전시킬 수 있었다고 전해 주었다. 시대 변화에 민감한 축제 서적이 10년 동안 꾸준히 독자들의 사랑을 받은 것에 대해 학자로서 무한한 자부심과 함께 한편으로 무거운 책임감을 느낀다.

그동안 세월이 변하면서 축제의 개최 날짜를 비롯하여 각종 통계자료들을 그때 그때 수정하려고 노력해 왔으나 미진한 감이 없지 않았다. 이에 2016년 2월 현재의 최신 통계자료를 새롭게 작성해 수정할 수 있었다.

이 책이 축제를 연구하는 학자는 물론, 축제를 기획하는 실무자나 학생들에게 실질적인 도움을 줄 뿐만 아니라 성숙기에 접어든 우리나라 축제 발전에 밑거름이 되기를 진심으로 바란다.

그동안 저자들의 까다로운 요구를 마다하지 않고 친절하게 수정을 거듭하여 발간할 수 있도록 도와준 김영사의 모든 분께 깊이 감사드린다.

2016년 2월

김춘식 · 남치호

차례

아비뇽 교황청 _ 아비뇽 페스티벌의 주공연장으로 쓰이는 옛 교황청 궁전의 안마당은 축제기간에는 2,250명을 수용하는 거대한 야외무대로 변신한다.

1장 _ 세계 최고의 연극축제
아비뇽 페스티벌(Festival d'Avignon)

파리
(Paris)

프랑스

아비뇽
(Avignon)

프로방스 지방의 유서 깊은 역사도시 아비뇽에서는 매년 7월 세계적인 연극축제 '아비뇽 페스티벌'이 개최된다. 세계 각국에서 수십만 명의 인파가 모여들고, 그 옛날 중세시대에 가톨릭 교황들이 살았던 옛 교황청 궁전 마당은 거대한 야외무대로 변신한다. 거리와 광장에서 벌어지는 각양 각색의 공연과 퍼포먼스는 사람들의 발길을 멈추게 하고, 매일 밤 선보이는 새로운 작품들은 수많은 관객들을 매료시킨다. 아비뇽 페스티벌은 상업적인 논리나 단순한 오락으로 관객들을 끌어들이지 않는다. 뭔가 색다른 형식의 공연으로 관객들을 자극하고 깨우치는 창조적 문화행사이다. 젊은 예술가에게는 도전과 기회의 장소이며, 새로운 작품의 실험장이고, 토론장이며, 교육장이다. 아비뇽 페스티벌은 변변한 공연시설 하나 없는 지방의 소도시에서 어떻게 세계 최고수준의 축제가 가능한지를 보여주는 대표적 사례이다.

■ 역사의 도시 아비뇽

1999년 7월 하순 아비뇽 페스티벌이 거의 끝나갈 무렵, 우리는 파리의 리옹역(Gare de Lyon)에서 이른 아침에 기차를 타고 아비뇽으로 향했다. 남녘으로 향하는 차창 밖으로 펼쳐지는 농촌 풍경은 참으로 평화스럽고 넉넉했다. 끝없이 이어지는 들판 사이로 이따금씩 노란 해바라기 꽃밭이 군데군데 펼쳐져 있고, 들판과 이어진 낮은 구릉에는 넓은 숲이 자리잡고 있었다.

아비뇽은 프로방스 지방에 있는 유서 깊은 역사도시이다. 2000년에는 유럽의 문화도시로 선정되었을 만큼 문화유산이 잘 보존되어 있을 뿐만 아니라 문화예술활동이 활발한 곳이다. 인구는 시가지역이 9만 명, 시골지역까지 포함하면 약 18만 명이다.

지중해와 접해 있는 프로방스 지방은 열대 향취가 넘치는 정열적인 땅이다. 도시에서 조금만 벗어나면 여기 저기에 흩어져 있는 포도밭과 나무 울타리들 사이로 빨간 슬레이트 차양을 댄 지붕, 작은 창의 집들에서 남 프랑스 특유의 분위기를 느낄 수 있다.

프랑스 사람들이 남 프랑스를 의미하는 '미디(Midi)'라는 말을 할 때 거기에는 파리에서는 결코 찾아볼 수 없는 어떤 귀중한 것, 태양의 혜택을 듬뿍 받는 지중해 연안에 대한 부러움이 있다. 축제가 열리는 7월이면 한낮에는 강렬한 태양이 작열하고, 밤에는 지중해에서 불어오는 따스하고 상쾌한 공기가 부드럽게 얼굴을 스친다.

역사를 거슬러 올라가 보면, 이 지역은 과거 로마의 지배하에 있던 지역이다. 로마가 세력을 확장해 나가던 기원전 125년에 로마인들은 프랑스 남부에 속주를 건설했다. 프로방스(Provence)라는 지명은 고대 로마시대 속주를 의미하는 '프로빙키아(Provincia)'에서 유래하였다(Daniel Rivie, 1995 : 11).

특히 님(Nîmes)과 아를르(Arles)에서 볼 수 있는 원형경기장이나, 님 근교의 거대한 수도교인 가르 다리(Pont du Gard) 등 로마시대의 유적이 아직도 많이 남아 있다.

■ 아비뇽이 성곽도시가 된 사연

기차는 3시간 30분을 달려 아비뇽에 도착하였다. 아비뇽 역을 나서자 바로 앞에 아비뇽 시가지를 둘러싸고 있는 거대한 성벽이 보였다. 아비뇽은 시가지 전체가 견고한 성벽으로 둘러싸여 있는 성곽도시이다. 여기에는 그럴 만한 이유가 있다.

가르 다리(Pont du Gard)
2000년전 고대 로마인들이 위제(Uzés)의 수원지에서 50km 떨어진 로마의 식민도시 님(Nîmes)에 물을 공급하기 위해 건설한 수도교이다. 길이 275m, 높이 49m의 3층 구조로 현재 남아있는 로마시대의 수도교 중 가장 완전한 형태를 유지하고 있다.

중세시대 이래 세속권력을 대표하는 왕과 종교권력을 대표하는 교황 사이에 끊임없는 권력다툼이 일어나게 된다. 13세기 말 프랑스 왕 필리프 4세(Philippe Ⅳ)는 영국과의 전쟁비용 조달을 위해 성직자에게 세금을 징수하려 하였다. 이에 교황 보니파시오 8세(Bonifacius Ⅷ)는 1296년 칙령을 발표

아비뇽 성벽 아비뇽은 시가지 전체가 견고한 성벽으로 둘러싸여 있는 성곽도시이다. 역대 교황들에 의해 1355~1377년에 걸쳐 완성된 성곽의 전체길이는 5km에 달한다.

하여 모든 성직자들로 하여금 세속의 정부에 납세하지 못하도록 하였다(김영재, 2000 : 345).

프랑스 왕 필리프 4세는 자기 입장을 강화하기 위해 1302년에 제후, 성직자, 시민의 대표를 소집하여 교황의 행위를 비난하는 결의를 하였다. 이것이 소위 '삼부회'라 불리는 프랑스 신분제 의회의 시작이다.

다음 해인 1303년에 필리프 4세는 특공대를 보내 로마 동쪽의 아나니(Anagni)에 있는 별장에 체류 중이던 교황 보니파시오 8세를 체포하여 퇴위하도록 협박한다. 그러나 교황은 퇴위를 거부한다. 그는 분노한 인근 주민의 도움으로 풀려나 가까스로 로마로 돌아갈 수 있었다. 하지만 이 사건의 충격으로 1개월 후에 사망하고 말았다. 이 사건은 교황의 권위를 약화시키는 계기가 되었다.

1305년에 선출된 프랑스인 교황 클레멘스 5세(Clemens Ⅴ)는 프랑스 왕의 강력한 간섭을 받게 되어, 결국 로마에 들어가는 것을 포기하고 1309년부터 프랑스 남부의 아비뇽에 임시 교황청을 만들어 거주하게 된다.

그 뒤를 이은 역대 교황들에 의해 성채 모양의 호화판 대궁전과 시 성벽이 축조된다. 클레멘스 6세는 1348년에 프로방스 백작 겸 시칠리아 여왕으

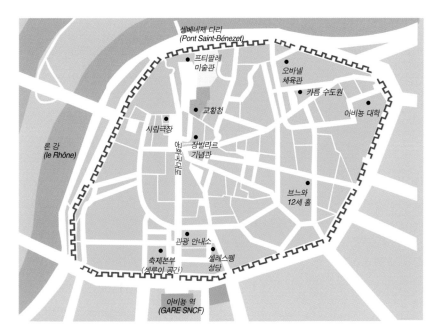

셍베네제 다리
(Pont Saint-Bénezet)

프티팔레
미술관

오바넬
체육관

카름 수도원

교황청

아비뇽 대학

시립극장

론 강
(le Rhône)

장빌라르
기념관

브느와
12세 홀

관광 안내소

축제본부
(셀루이 공간)

셀레스뗑
성당

아비뇽 역
(GARE SNCF)

로부터 아비뇽 시 전체를 사들여 난공불락의 교황령 도시가 세워지게 된다. 이리하여 1309년부터 1377년에 교황 그레고리 11세가 로마로 입성할 때까지 68년 동안 7명의 교황이 아비뇽에 거주하면서 프랑스 왕의 간섭을 받았다(William R. Cannon, 378~383). 이를 기원전 6세기에 유대인이 바빌론에 강제 이주된 '바빌론 유수' 사건에 비유하여 '교황의 아비뇽 유수'라 한다. 교황청 건물은 지금도 높이 50m, 두께 4m의 거대한 외벽이 견고하게 감싸고 있다. 교황청에 들어섰던 교회는 로마네스크식으로 지어졌으며, 아비뇽에서 가장 높은 언덕 위에 우뚝 솟아 있다.

교황청 언덕 위에서 성벽을 따라 론(Rhône) 강을 향해 내려가면 강 중간쯤에서 끊어져버린 다리가 보인다. 이 다리가 바로 프랑스 민요 '둥글게 모여 춤추자'라는 노래로 유명한 셍 베네제 다리(Pont St-Bénezet)이다.

이 다리는 신의 계시를 받은 베네제라고 하는 목자가 미친 사람 취급을 받아가며 마을 사람들의 헌금을 모아 평생 건설한 다리이다. 완공 당시 길이가 920m였다. 현재는 론 강의 범람으로 다리가 반 정도 유실되었고, 남아있는 다리의 끝 부분에 당시의 예배당이 남아있다.

■ 바캉스 시즌에 맞추어 개막

아비뇽 페스티벌은 대체로 7월 첫째주 금요일에 시작하여 7월 마지막 토요일에 끝난다 〈표1〉. 7월 초가 되면 프랑스의 각급 학교가 방학을 하고 본격적인 바캉스 시즌이 시작된다. 프랑스 사람들의 바캉스 열기는 유별나다 못해 극성스럽다. 여름 휴가철이 되면 온 가족이 자동차에 짐을 싣고 연례행사처럼 태양이 강렬한 남쪽 지방으로 바캉스를 떠난다.

지중해로 가는 길목에 있는 아비뇽은 관광객들이 바캉스 시즌에 들러서 축제를 즐기기에 안성맞춤인 곳이다. 7월은 휴가철을 맞은 관광객들이 지중해 지방으로 밀려드는 시기이다. 그러므로 아비뇽에서 축제를 개최하는 데 이보다 더 좋은 시기는 없는 것이다. 누가 이 황금시기를 놓치겠는가?

〈표1〉 아비뇽 축제의 개최시기

개최년도	개최시기	기간
1999	7. 9 (금) ~ 7. 31 (토)	23일
2006	7. 6 (금) ~ 7. 28 (토)	23일
2012	7. 7 (토) ~ 7. 28 (토)	22일
2015	7. 4 (토) ~ 7. 25 (토)	22일

아비뇽의 거리 퍼포먼스
거리나 광장의 이곳 저곳
에서 벌어지는 공연이나
퍼포먼스들은 아비뇽 시
내를 온통 생동감 넘치는
축제분위기로 만드는 데
일등공신의 역할을 한다.

■ 이웃 도시 배려, 클래식 음악과 오페라는 공연 안 해

아비뇽 페스티벌은 세계 최고 수준의 연극축제로 명성이 널리 알려져 있다. 아비뇽 페스티벌은 연극에서 출발하였고 지금도 연극이 가장 중요한 분야이기는 하나, 1964년부터는 그 영역을 뮤지컬, 무용, 현대음악 등 다른 예술 분야에까지 넓혀 왔다. 몇 년 전부터는 시, 미술, 영화와 비디오 아트에 이르기까지 문호를 개방하였다.

그러나 종교음악을 제외하고는 클래식 음악이나 오페라는 공연하지 않는다. 그 이유는 아비뇽에서 가까운 도시의 축제들, 예컨대 오랑즈 합창제(les Chorégies d'Oranges)나 액상프로방스 오페라 예술 페스티벌(le Festival d'art lyrique d'Aix-en-Provence)에게 피해를 주지 않기 위해서이다. 그들의 이웃 도시를 위한 세심한 배려에 감탄하지 않을 수 없다.

■ 공식선정부문(in)과 자유참가부문(off)

아비뇽 페스티벌에서 공연되는 작품은 크게 공식선정부문(in)과 자유참가부문(off)으로 나뉘어진다.

공식선정부문(이것을 'in'이라 부른다)은 주최측에서 엄격한 심사과정을 거쳐 선정한 작품을 말한다. 공식선정부문에서 공연되는 연극은 대부분 새로운 작품이다. 세계 최초로 공연되거나, 기존의 작품이 개작된 것이거나 또는 외국 작품의 경우에도 프랑스에서는 한 번도 공연되지 않았던 작품들만 무대에 올린다. 축제가 끝난 뒤에는 대체로 프랑스나 유럽의 다른 도시에서 공연된다.

한편 자유참가부문(이것을 'off'라 부른다)은 말 그대로 축제 주최측의 작품선정과는 관계없이 거리나 광장 등에서 자유로이 공연하는 작품을 통틀어 말한다. 공식선정부문에서는 매년 약 35~50편의 작품이 20여 곳의 무대에서 공연되고, 자유참가부문은 매년 1,400편 내외의 작품이 100여 곳의 장소에서 공연된다.

■ 축제분위기 조성의 일등공신, 자유참가부문

자유참가부문 공연의 경우는 작품을 선정하는 절차가 따로 없다. 따라서 거리, 광장, 지하실, 창고 등 그들의 작품을 공연할 장소만 있다면 누구라도 아비뇽에 와서 자신들의 작품을 공연할 수 있다.

그런데 이들이 공공장소에서 공연을 하기 위해서는 사전에 시청으로부터 허가를 받아야 한다. 공연희망자는 많고 장소는 한정되어 있기 때문이다. 시청에서 이들에게 공연허가를 내줄 때에는 소음과 안전문제 등을 고려하여 공연시간과 공연장소 등의 조건을 지정한다.

교황청 무대에 올려진 아르헨티나팀의 탱고 공연
탱고는 원래 아르헨티나의 민속춤인데 이를 현대적 감각으로 각색한 춤이다.

이들 자유참가부문 공연들도 무대를 빌려서 공연하는 경우에는 입장료를 받는 경우가 대부분이다. 물론 이들은 손님을 끌기 위해서 다른 작품들과 경쟁을 해야 하고 적당한 공연장소와 시간을 찾아야 한다. 또한 공연으로 들어오는 수입이 없을 경우에는 재정적인 부담도 만만치 않은 위험이 있다. 따라서 이들은 자신들의 공연을 알리고 손님을 끌어 모으기 위해 갖가지 아이디어를 동원한다. 다양한 포스터와 요란한 몸짓으로 그들의 공연을 홍보함으로써 거리의 분위기를 달아오르게 한다. 이들은 거리나 광장의 이곳저곳에서 각양각색의 공연이나 퍼포먼스를 벌여, 아비뇽 시내를 온통 생동감 넘치는 소란스런 축제 분위기로 연출하는 데 일등공신 역할을 한다. 거리나 광장에서 벌어지는 공연을 보다가 길가의 노천 카페에 앉아 프로방스산 포도주 한 잔으로 목을 축이면, 이방인이란 느낌은 사라지고 축제 속으로 흠뻑 빠져들게 된다.

자유참가부문의 공연이라고 해서 작품의 질적 수준이 낮다고 말할 수는 없다. 이들의 공연이 때로는 연극애호가나 언론 또는 전문가들로부터 높은 평가를 받기도 한다.

이들 자유참가 공연들은 지칠 줄 모르는 호기심으로 새로운 연극을 찾는

작품선정은 18개월 전부터

공식선정부문의 작품선정 작업은 축제가 시작되기 18개월 전부터 시작한다. 작품을 선정하는 작업은 매우 길고 복잡한 과정을 거친다. 참가를 희망하는 수백 건의 신청서를 예술감독과 그의 팀이 하나 하나 검토하여 직접 선정한다. 그들은 작품을 고르기 위해 프랑스나 다른 나라를 직접 여행하여 공연을 보기도 한다. 공식선정부문의 프로그램에서 중점을 두는 분야는 매년 바뀐다. 현대극본을 선호하거나, 레퍼토리의 어떤 특정 측면이나 혹은 특정한 주제를 고르거나 또는 특정국가의 작품을 선호한다. 또한 매년 비유럽권의 몇 나라를 초청하여 공연을 개최하기도 한다. 1998년도에는 '아시아의 열망'이라는 주제로 한국과 일본, 대만을 초청하였고, 1999년 축제에서는 아르헨티나, 브라질, 칠레 등 라틴 아메리카의 공연단을 초청하였다.

공식선정부문의 공연은 대부분 초연되는 작품이다. 따라서 공연이 관객들로부터 좋은 반응을 불러일으킬 수 있을지 여부는 미리 판단하기 힘들다. 이를 극복하기 위하여 조직위는 무대감독이나 안무가와 긴밀히 협력하여 일한다. 축제기간 동안 매일 밤, 하나 또는 그 이상의 초연작품들이 선을 보이게 되는데, 이 점이 축제를 기다리는 수많은 예술비평가들과 전문가들에게 열정적인 호기심을 불러일으킨다.

관중들로부터 높은 평가를 받고 있다. 이것이 자유참가부문이 아비뇽 페스티벌에서 공식선정부문의 좋은 이웃으로 성장해올 수 있었던 이유이다.

자유참가부문(off)의 운영조직은 아비뇽축제 앤 컴퍼니(Avignon Festival & Compagnies: AF & C)라고 불리는 협회이다. 협회가 주로 하는 일은 프로그램에 대한 안내와 상담, 공연 프로그램을 출판하고, 티켓을 판매하는

일이다.

■ 아비뇽 지역 공연단

   공식선정부문도 자유참가부문도 아닌 제3의 공연이 있다. 그것은 평소
에 아비뇽 시내에서 공연을 해오던 공연단들에 의해 행해지는 공연이다.
그들은 공식선정부문의 필수적인 부분은 아니지만 그렇다고 외부방문객
도 아니다. 이들의 공연 일정은 공식선정부문 프로그램에 부록으로
'Avignon sur Festival'이라는 이름의 특별 브로슈어에 목록이 올라 있다.

공연홍보 거리 퍼포먼스
자신들의 공연을 알리고
손님을 끌어 모으기 위해
갖가지 아이디어를 동원
하고, 다양한 포스터와 요
란한 몸짓으로 홍보한다.

■ 축제의 한 부분인 토론과 학습

아비뇽 페스티벌에서 빠뜨릴 수 없는 한 분야는 이들 공연과 함께 이루
어지는 비평, 토론과 교육 프로그램이다. 축제본부에서는 매일 아침마다
그 날 공연될 작품에 관한 기자회견이 있다. 낮 동안에는 배우, 감독, 비
평가, 학자 등의 전문가들이 축제본부가 있는 생 루이 공간(l'espace Saint-
Louis)에 모여 작품에 대한 토론을 벌인다. 여기에서는 공연의 예술적·
기술적인 면 뿐만 아니라 축제의 경제적·정치적 및 법률적 측면까지도
토론의 대상이 된다.

토론과 학습은 공식선정부문에서만 이루어지는 것이 아니다. 뷔퐁가 18
번지(18 rue Buffon)에 있는 '자유참가작의 집'(la Maison du Off)에서 매일

오전 11시부터 밤 8시까지 토론과 회의, 공연, 시연, 강의 등이 이어진다. 이러한 점은 아비뇽 페스티벌이 축제 관련 전문가들에게 왜 그토록 중요한가를 설명해주는 이유이다.

■ 공연장은 역사적 장소를 주로 활용

아비뇽 시내 중심부에는 14~17세기에 지어진 건물들이 지금도 대부분 그대로 남아있어 중세도시의 고풍스러운 자태를 그대로 간직하고 있다. 축제의 주공연장으로 쓰이는 교황청(Palais des Papes)은 역사적인 건축물로서 평소 많은 관광객이 몰리는 곳이다. 이 교황청 궁전의 안마당(Cour d'Honneur)은 아비뇽 페스티벌 기간에는 2,250명을 수용하는 야외무대로 변한다.

그밖에도 고등학교 운동장, 엑스포공원, 채석장, 거리와 광장 등의 야외무대에서 공연이 이루어진다. 그러나 공연에 따라서는 특별한 무대장치나 배경장면이 필요한 경우가 있으므로 실내에서도 공연이 이루어진다. 실내공연장으로는 시립극장, 교회, 실내체육관이나 대형 천막, 심지어 수도원도 공연장소로 사용된다. 이러한 공연장소 선택의 유연성이 연극과 무용 세계에서의 실험정신과 다양성을 고무시킨다.

세계적으로 유명한 아비뇽 페스티벌인 만큼 '예술의 전당'이나 '세종문화회관'처럼 크고 화려한 시설을 갖춘 무대에서 공연이 이루어질 것으로 생각하기 쉽겠지만 실제로 가보면 정반대이다.

우리가 아비뇽에 도착하여 가장 먼저 찾아간 곳은 시내에서 남서쪽으로 14km 떨어진 불봉 채석장(Carriére Callet Boulbon)이다. 이 곳을 찾아간

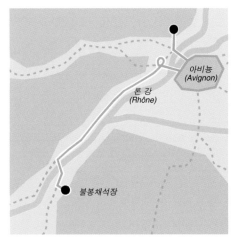

이유는 바로 전년도인 1998년도 아비뇽 페스티벌에서 특별 초청된 한국
공연단의 공연장소로 사용된 곳이기 때문이다.

불봉 채석장을 가기 위해 아비뇽 시내에서 나와 남서쪽을 향해 한참 달
린 뒤에 비포장도로를 따라 나지막한 산 속에 있는 채석장의 빈터에 도착
하였다. 우리는 틀림없이 멋있는 장소일 것이라는 기대를 품고 찾아갔으
나 예상은 완전히 빗나갔다. 우리가 찾아간 시점이 공연이 끝나고 무대가
철거된 상태여서 그렇기도 하지만 글자 그대로 폐허나 다름없는 곳이었기
때문이다. '지난해 국내 언론을 요란하게 장식하였던 한국대표단의 공연
장이 겨우 이런 곳이었단 말인가' 하는 생각에 마음이 편치 않았다.

아비뇽 시내에서 한참 떨어진 이곳에서 공연이 벌어지는 이유를 굳이
찾는다면, 채석장 뒤쪽의 깎아진 절벽이 음향효과를 높이는 데 도움이 된
다는 정도였다.

저녁식사 후 밤 8시부터 9시 30분까지 발콩 극장(Théâtre du Balcon)이

라는 곳에서 스페인의 플라밍고 춤을 감상하였다. 그러나 말이 극장이지 미음(ㅁ)자 건물의 안마당에 임시로 무대를 설치하여 공연하고 있었다. 객석은 쇠파이프를 연결해 계단을 만들고 그 위에 나무판자를 설치한 것이 시설의 전부였다.

교황청 안마당 무대
미음(ㅁ)자 건물의 안마당에 임시로 무대를 설치하여 주공연장으로 사용한다. 기존의 교회, 광장, 거리가 그들에게는 모두 공연장이 된다.

그러나 관객들의 감상태도는 진지하였다. 그들에게 중요한 것은 공연의 내용이지 시설은 아닌 듯싶었다. 어찌 보면 객석을 계단식으로 만든 것은 우리나라보다 관중에 대한 배려가 더 나은 편이라는 생각이 들었다.

우리나라에서는 야외공연의 경우 무대만 요란하게 만들었지 관중은 바닥에 자리를 깔고 앉게 하는 것이 보통이고, 기껏해야 의자를 갖다 놓는 형편이 아닌가? 평지에 의자를 갖다 놓더라도 키 작은 사람은 앞사람의 뒤통수만 보일 뿐이니 좀더 잘 보려고 일어서게 되고 뒷사람은 앉으라고 아우성이다. 이에 비해 이곳에서는 계단식 의자를 설치하여 무대가 잘 보이도록 관객을 배려하고 있는 것이다.

발콩 극장의 공연이 끝나자마자 아르헨티나 춤 공연을 보기 위해 뛰다시피 하여 교황청에 도착하였다. 높이 50m, 두께 4m의 거대한 벽으로 둘러싸인 교황청 마당에 설치된 2,250석의 객석이 입추의 여지없이 들어찼다. 객석은 역시 철제 파이프로 튼튼하게 여러 층의 계단식 기둥을 만든 후 나무판을 깔고 그 위에 좌석번호를 부여한 개인별 의자를 설치했다. 입장료는 좌석의 위치에 따라 다른데 1등석의 요금이 3등석에 비해 1.5배 정도 비싸다.

이곳은 비록 연극을 공연하기 위해 디자인된 장소는 아니지만, 장엄한 이곳의 분위기는 현대적 극장과는 또 다른 느낌의 감동으로 다가왔다. '이런 공연장에 앉아 있다는 것 자체가 행복하고 영광스럽다'라는 느낌이 밀려왔다.

밤 10시 정각에 아비뇽 페스티벌의 주무대인 교황청 안마당에 마련된 무대에서 아르헨티나 춤 '탱고, 왈츠와 탱고(Tango, Vals y Tango)'가 시작되었다. 탱고는 원래 아르헨티나의 민속춤인데 이를 현대적 감각으로 각색한 춤이었다.

공연은 현대 문명의 고뇌와 모순을 표현하는 내용이었고, 탱고 특유의 빠른 리듬은 관중의 넋을 빼앗기에 충분했다. 그런데 공연보다 더욱 감동을 받은 것은 관중들의 높은 관람 수준이었다. 입장시에 사전에 카메라 플래시를 사용하지 말라는 주의가 있었다. 카메라 플래시는 무대연출의 효과를 떨어뜨리고 공연과 다른 사람의 관람에 방해가 되기 때문이다. 그런데 수천 명의 관중 중에 어느 누구도 카메라 플래시를 터뜨리는 사람이 없었다. 세계 각국에서 온 수천 명의 관중들이 한 시간 반 동안 관람하면서 휴대폰 소리 하나, 기침소리 하나 들리지 않았다.

공연장을 빠져 나오면서 나도 모르게 이런 생각이 뇌리를 스쳐 지나갔다. '관객의 수준과 공연의 수준은 비례한다.'

■ 축제가 가까워질수록 직원 수가 급증

1980년대 이래 아비뇽 페스티벌은 유럽의 거의 모든 페스티벌 단체와 마찬가지로 비영리조직에 의해 운영되고 있다.

최고 의사결정기관은 이사회(conseil d'administration)이다. 이사회는 보
조금을 지급하는 국가, 지방자치단체(광역도, 도, 시) 및 축제관련 문화단
체 대표들로 구성된다.

이사회는 일년에 두세 번 회의를 열어 축제의 큰 방향을 설정하고, 공연
프로그램에 관한 정보나 준비상황을 보고받으며, 예산안 및 결산을 의결
한다. 이사장은 규정에 의해 아비뇽 시장이 맡는다.

축제를 실질적으로 기획하고 이끌어 가는 최고 책임자는 감독(directeur)
이다. 감독은 아비뇽 시장과 문화부 장관의 동의를 거쳐 이사회에 의해 임
명되며, 임기는 5년이다. 감독은 축제 프로그램의 선택에 대하여 '절대적
자유권'을 가지고 있다. 이는 축제의 창설자인 장 빌라르의 주장에 따라
채택된 것으로 '독립성의 원칙'이라 한다. 정부기관들은 어떠한 경우에도

〈그림1〉 아비뇽 페스티벌의 조직

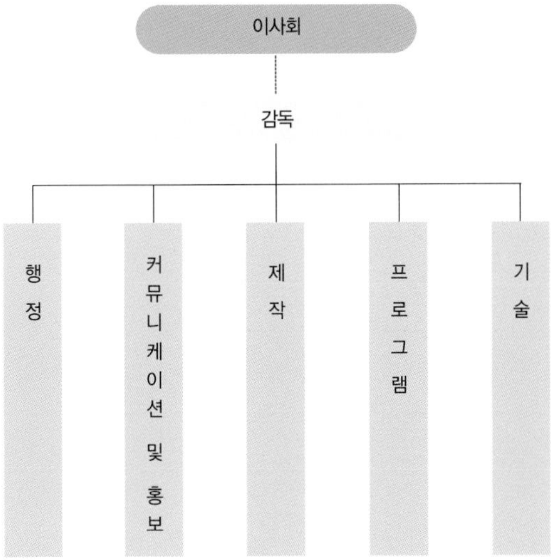

독립성의 원칙을 존중하여 왔다.

아비뇽 페스티벌 공식선정부문의 축제사무국 직원은 평소에는 29명으로 구성되어 있다. 그러다 축제가 개최되는 7월이 가까워지면 인원이 점점 늘어나 800명까지 증가한다. 이중 360명 이상은 공연과 관련된 기술자들이다. 2015년의 경우 1,750명에 이르는 사람들과 예술가들, 기술자들 그리고 조직위원회 직원들이 축제를 위해 몇 달 동안 열정을 바쳤다.

한편 아비뇽축제의 자유참가부문(off)의 운영조직은 아비뇽축제 앤 컴퍼니(Avignon Festival & Compagnies: AF & C)이다. 행정이사회(Conseil d'Administration)는 23명의 이사로 구성되어 있으며 이중 18명은 선출직이다. 2016년 2월 현재 이사장은 그래그 제르맹(Greg GERMAIN)이다.

행정이사회가 주로 하는 일은 Off 프로그램의 문의에 대한 안내와 상담, 티켓을 판매하는 일이다.

■ 장 빌라르의 집념이 일궈낸 개가

아비뇽 페스티벌은 세계 최고 수준의 연극축제로 명성이 널리 알려져 있어 연극이나 무용을 하는 배우들은 누구나 한번쯤 이곳 무대에 서는 것을 영광으로 생각한다.

아비뇽 페스티벌이 오늘날 세계 최고의 연극축제가 되기까지에는 탁월한 연극배우이자 무대감독인 장 빌라르(Jean Vilar : 1912 ~1971)의 25년간에 걸친 헌신적인 노력과 집념이 있었기 때문이다.

1947년 9월에 빌라르가 '아비뇽에서 예술 주간을!' 이라는 기치 아래 교황청 안마당에서 세 개의 작품을 무대에 올림으로써 아비뇽 축제가 시작되었다.

아비뇽 페스티발을 창설한 빌라르의 의도는 당시 파리에서 공연되던 연극들과는 다른 형식의 연극을 통해서 젊은 관객들, 정열적이고 신선한 관객들을 끌어들이는 데 있었다.

축제가 맹목적인 오락이나 단순한 여가 선용이 아니라 관객들을 뭔가 색다른 연극으로 자극하고 깨우치는 창조적 문화행사가 되어야 한다는 것이 그의 신념이었다.

오로지 연극만을 위한 축제였던 아비뇽 페스티벌은 1964년부터 축제를 무용, 영화, 음악 등 다른 예술분야에도 개방하기 시작하였다.

장 빌라르(Jean Vilar : 1912~1971)
탁월한 연극배우이자 무대 감독인 장 빌라르는 1947년에 아비뇽 페스티발을 창설하여 25년간 이끌었다. 아비뇽 페스티발이 오늘날 세계 최고의 연극축제로 되기까지에는 그의 헌신적인 노력과 집념이 지대한 공헌을 하였다.

1971년에 빌라르가 심장마비로 사망하자 그의 친구이자 협력자였던 폴 포(Paul Puaux)가 자리를 이어받았다. 이 시기에 정식으로 작품을 선정하거나 초대되지 않은 예술가들에 의해 소위 'Off'라고 불리는 자유참가팀들이 축제에 참여하게 된다. 그들은 비록 축제위원회에 의해 공연작품이 선정되지는 않았지만, 가장 중요한 여름연극 이벤트의 일부로서 참가하여 연극계의 유명배우들과 어깨를 겨루며 그들의 작품을 연극 애호가들에게 보여주기를 원했다.

1980년은 아비뇽 페스티벌의 전환기였다. 국가의 보조금이 끊기고 아비뇽시의 지원에 의해서만 운영해야 하였다. 새로운 세대의 감독과 배우들에게 다가가기 위해서는 축제를 더 전문적이고 현대화할 필요가 있었다. 이에 따라 폴 포는 축제의 방향타를 더 젊은 감독인 베르나르 페브르 다르시에(Bernard Faivre d'Arcier)에게 넘겼다. 축제의 경영을 현대화하고 점점 정교해지는 기술적인 요구를 따라가기 위해 축제조직은 법인화하였다.

1985년에는 알렝 크롱베크(Alain Crombecque)가 아비뇽 축제를 관장하게 되어 8년간 머무르게 되었는데 크롱베크의 신념에 따라 현대시(現代詩)도 아비뇽 축제의 한 부분이 되었다. 이 시기부터 더 많은 외국팀에게 문호를 개방하였다.

2004년부터 2013년까지는 오르텅스 아르샹보(Hortense Archambault)와 뱅상 보드리에(Vincent Baudriller)가 공동으로 축제감독을 맡아 이끌었고 2014년부터는 올리비에 파이(Olivier Py)가 축제감독을 맡고 있다. 지난 70년간 축제는 엄청나게 변화하여 왔음에도 불구하고 축제는 단지 일곱 사람의 감독에 의해 지속되어 왔다는 점은 놀라운 사실이다.

아비뇽 축제의 정신

아비뇽 페스티벌의 가장 중요한 특징은 '공공성 연극축제'이다. 아비뇽 페스티벌은 상업적 원칙을 따르거나, 단순한 오락으로 관광객을 끌어들이지도 않는다.

아비뇽 페스티벌의 정신을 요약하면 첫째, 가능한 한 많은 대중이 다양하며 수준 높은 예술 작품들을 쉽게, 그리고 자주 접하도록 하여 그들의 미적 경험을 고양시키고 예술적 수용 능력과 비판 능력을 확대시킨다.

둘째, 아직 자신의 예술적 능력을 발휘하지 못한 미래의 예술가들에게 기회를 제공하는 장이 되어야 한다. 이들의 예술성이 확실한 것이 아니기 때문에 여기에는 어느 정도 위험이 도사리고 있기는 하나 이 기회를 통해 젊은 예술가들이 보다 새롭고 심원한 영감을 얻을 수 있다.

셋째, 당시의 파리 중심 문화 현상에서 벗어나 문화의 탈중심화에 기여한다.

넷째, 문화행사는 예술작품과 대중과의 만남뿐만 아니라 예술가들 간의 만남의 장이 되도록 하여 그들 사이에 창조적인 교류가 이루어질 수 있도록 도와야 한다(고봉만, 이규식 외, 2001 : 153~154).

■ 축제 재정의 절반 이상이 행정기관의 보조금

어느 축제에서나 마찬가지이지만 축제를 운영하는 데 있어서 가장 부담스러운 일은 재정문제이다. 국가나 광역자치단체 및 아비뇽 시와 같은 지

〈표2〉 아비뇽 페스티벌의 수입 내역(2015년도)

구 분		금 액	비율(%)	
보조금	국가 보조금	383만 유로 (50억 3700만 원)	28.6	52
	각급 지방자치단체	311만 유로 (40억 9300만 원)	23.4	
자체수입		638만 4000 유로 (83억 3000만 원)	48.0	48
합 계		1330만 유로 (174억 9000만 원)	100	

* 환율 : 1유로 = 1,315원
자료 : Festival d'Avignon Homepage

방자치단체로부터 받는 축제보조금은 전체예산의 55% 정도이다.

축제보조금만으로는 턱없이 부족하므로 많은 기관, 단체들로부터 재정적 지원을 받아야 한다. 그러므로 축제의 운명은 근본적으로 정부의 보조금 및 민간의 후원금과 분리해서 생각할 수 없다.

아비뇽 페스티벌의 수입 내역은 〈표2〉와 같다.

국가와 지방자치단체의 보조금이 전체 축제수입원의 52%를 차지하고 나머지 48%는 축제를 통해 조달되는 자체수입이다. 자체수입은 수익사업의 비중이 가장 높고, 그 다음으로 중요한 수입원이 입장권 판매수입이다.

입장권의 요금은 프로그램이나 좌석의 위치에 따라 다른데 2015년도 아비뇽 페스티벌(7.4.~25)의 공식선정부문의 입장료는 10유로*(13,000원)부터 38유로(50,000원)까지이다. 단체와 25세 미만 및 실직자에게는 할인혜택이 주어진다.

■ 축제방문객은 약 60만 명

축제에서 가장 중요한 대상은 관중이다. 축제기간 중 아비뇽을 방문하는 인원은 약 60만 명으로 추산되고 있다. 이중 공식선정부문의 관람객은 2015년도 제69회 아비뇽 페스티벌의 경우 공식선정부문의 방문객은 17만 명이었고, 자유참가부문의 방문객 수는 약 40만 명이었다. (http:www. festival - avignon. com/fr/le-festival-en-chiffres).

아비뇽 페스티벌의 방문객들 중에는 정기적으로 방문하는 사람들이 있다. 그들은 축제를 마치 신앙처럼 생각하고 순례자와 같은 기분으로 방문한다. 그들은 일찍부터 머무를 곳을 예약하고 좌석을 예매한다. 어떤 사람들은 공식선정부문의 공연만 보는가 하면 어떤 사람들은 자유참가부문의 공연만 본다.

아비뇽 축제에서 배울 점

첫째, 축제를 일정 수준까지 끌어올리기 위해서는 초기에 비전을 가진 민간전문가의 열정적인 노력이 필요하다. 소규모의 동네축제로 출발했던 아비뇽 연극제가 세계적인 유명 축제로 성공하기까지는 탁월한 연극배우이자 무대감독인 장 빌라르의 25년간의 헌신적인 노력과 희생이 크게 작용하였다. 초기 10년간의 만성적자에도 불구하고 새로운 형식의 연극을 뿌리내리기 위한 그의 집념과 오랜 노력이 결실을 맺게 된 것이다(최영민, 2001 : 21).

우리나라의 경우 대부분의 지역축제가 전문성이 부족한 공무원이나 주관단체 담당자들에 의해 주도되고 있는 실정이다. 그러나 관료조직이나 아마추어 단체가 창의성과 역동성, 경영마인드를 생명으로 하는 축제를 이끌어 나가는 것은 무리라고 생각된다.

적절한 축제 소재를 발굴해서 고부가가치를 지닌 상품으로 육성시키기 위해서는 '전문가의 손과 머리'가 반드시 필요하다(이원태, 1997 : 15).

그러나 현실적으로 우리나라에는 제대로 된 지식과 경험 그리고 창의성을 갖춘 축제전문가가 소수에 불과하다. 사정이 이러하다 보니 우후죽순처럼 생겨난 기획사들이 너도나도 전문가를 자처하면서 지역사회의 특성이나 주민의 참여는 배제한 채 판에 박힌 행사를 찍어내는 경우가 대부분이다.

"축제마다 나름대로 주제를 내세우지만, 실상은 획일적인 느낌을 준다. 개막은 꼭 풍물패의 길놀이가 장식하며, 행사장엔 애드벌룬을 띄워놓기 일쑤다. 개막식엔 지역 기관장과 유지들이 총출동해 의례적인 축사를 지루하게 늘어놓는다. 빠지지 않는 팔도 먹거리 장터엔 파전, 족발 등 엇비슷한 음식들이 무질서하게 판매되며 북새통을 이룬다. 그런 축제라면 시민들에게 피곤함만을 안길 것이다. 무엇이 문제일까. 주최측의 기획력도 부족하고, 아이디어도 빈곤하다. 창의적 아이디어가 있는 인재들이 있다 해도 아이디어 값을 치를 줄 모르는 풍토는 유능한 기획자들이 뛰어놀 마당을 만들어주지 못한다. 관 주도의 목적성 축제가 많다 보니 과시적 행사 위주가 된다."(송승환, 2000)

그러므로 축제전문가는 지역사회의 특성, 시민들의 요구와 수준을 정확히 파악하면서 동시에 고급문화의 정수를 시민의 눈높이로 전달해줄 수 있는 창의적이고 독특한 축제를 개발할 수 있어야 한다. 동시에 주최측도 기획력의 중요성을 깨닫고, 아이디어에 대해 적정한 가격을 지불할 준비가 되어야 한다.

둘째, 행정기관은 '지원은 하되 간섭은 하지 않는다'는 원칙과 전통의 확립이 필요하다. 아비뇽 페스티벌은 예술감독과 행정국장에게 5년간의 임기를 보장하고 있다. 축제를 실질적으로 주도하는 예술감독은 프로그램에 관한 전권을 가진다. 이사회는 어떠한 경우에도 프로그램에 관한 한 일체 간섭하지 않는다는 원칙과 전통을 유지해오고 있다.

2002 FIFA 월드컵에서 대한축구협회가 히딩크 감독에게 임기를 보장하고 선수기용과 훈련내용 일체에 대하여 감독에게 전권을 부여함으로써 월드컵 4강 신화를 창조할 수 있었다. 만약 평가전에서 프랑스와 체코에게 0 대 5로 연이어 패했을 때 그를 교체하였더라면, 또한 훈련내용에 대해 일

일이 간섭하였더라면 월드컵 4강은커녕 16강 진출도 힘들었을 것이다.

축제도 마찬가지다. 일단 전문가에게 믿고 맡겼으면 전문가의 의견을 믿고 따라야 성공할 수 있다. 우리나라의 경우 축제나 이벤트에 대한 전문지식이 없는 관료들이 축제에 지나치게 개입하고 있다. 관료가 전문가의 의견을 무시하면서 이들 사이의 감정의 골은 깊어진다. '○○비엔날레' 나 '○○세계마당극잔치' 등에서 보여준 불협화음은 이러한 사례의 전형적인 케이스이다(조선일보, 1999. 9. 29.). '2001 ○○국제영화제' 의 경우 영화제를 불과 3달 앞두고 프로그래머 2명과 직원 13명이 대거 사표를 냈다. 조직위는 재정적 지원을 하는 만큼 기획에 간섭하겠다는 것이고 직원들은 이를 참을 수 없어 결국 파국을 맞았던 것이다(김창호, 2001: 4).

우리나라의 현실로 볼 때 축제가 정착하기 위해서 초기에는 행정기관의 협조와 지원이 절대적으로 필요하다는 점을 무시할 수 없다. 그러나 행정기관은 예산지원만 하고 축제의 프로그램 구성이나 진행방식에는 관여하지 않는 것이 바람직하다(김춘식, 1999: 9).

우리도 축제의 예술감독을 신중히 선정하되 임기를 보장하고, 일단 맡겼으면 '예산은 지원하되 축제의 프로그램 구성이나 진행방식에는 일체 관여하지 않는다' 는 원칙과 전통이 확립되어야 한다.

셋째, 아비뇽 페스티벌의 성공비결은 항상 새롭고 신선한 것을 추구하

아비뇽 자유공연 거리홍보 모습 자유참가부문 공연들도 손님을 끌기 위해서 다른 작품들과 경쟁을 해야 한다. 공연으로 들어오는 수입이 없을 경우 재정적 부담도 만만치 않다. 따라서 이들은 갖가지 방법으로 그들의 공연을 알리려고 애쓴다.

교황청 무대에서 선보인 아르헨티나의 공연 모습
아비뇽 페스티벌에서는 특정국가의 작품을 초청하여 공연하기도 한다. 1999년 축제에서는 아르헨티나, 브라질, 칠레 등 라틴 아메리카 지역의 공연단을 초청하였다.

는 왕성한 실험정신에 있다. 공식선정 부문의 경우 작품을 선정할 때 초연되는 작품이 4분의 3을 차지한다. 매일 밤 선보이는 새로운 작품들이 축제를 기다리는 수많은 예술비평가들과 전문가들의 열정적인 호기심에 불을 붙이게 되는 것이다.

그런데 우리나라의 축제는 대부분 선례답습적인 축제를 벌이고 있다. 과거의 작품을 재탕 삼탕 하거나 다른 곳에서도 볼 수 있는 공연이 대부분이다. 예컨대 안동 국제탈춤 페스티벌에서는 매회마다 전국의 전통탈춤이 아무런 변화 없이 반복 공연된다. 아무리 전통탈놀이가 가치 있고 재미있다 하더라도 같은 공연을 여러 차례 관람했던 관객에게는 매력이 줄어들 수밖에 없을 것이다.

그러므로 축제에 활력을 불어넣고 관객을 지속적으로 끌어들이기 위해서는 될 수 있는 한 창작품을 무대에 많이 올려야 한다. 같은 내용이라도 기존의 것과는 다른 형식의 공연을 위한 실험적 노력이 필요하다.

넷째, 축제장 시설은 많은 돈을 들여 새로운 시설물을 만들기보다는 기존의 장소를 축제장으로 활용하는 발상의 전환이 필요하다. 아비뇽 페스티벌의 경우 교황청 마당, 교회, 학교, 채석장 부지, 거리나 광장 등을 모두 공연무대로 활용한다. 고풍스러운 성곽이나 거리나 광장이 그들에게는 하나의 훌륭한 무대가 된다. 이러한 발상은 여러 가지 면에서 좋은 점이 많다. 우선 시설비가 거의 들지 않는다. 또한 비위생적인 포장마차가 등장

할 필요가 없고 시내에 있는 식당이나 상점들이 그 직접적 수혜자가 되므로 주민들이 적극 참여하게 되는 것이다.

객석은 대체로 철제 받침대를 계단식으로 조립하여 그 위에 나무판자를 깔고 의자를 설치하여 만든다. 그리고 축제를 마치면 걷어 두었다가 다음 해에 다시 사용한다.

우리나라의 축제에서는 무대시설은 화려하게 꾸미지만 관람석을 따로 만드는 경우는 드물다. 이에 비해 외국의 유명축제의 경우 반드시 객석 시설을 하고, 그것도 반드시 계단식 의자를 설치하여 관객이 일어서지 않고도 편하게 관람할 수 있도록 시설을 마련하고 있다.

1947년에 아비뇽 페스티벌이 시작된 이후 2015년도 제69회 아비뇽 페스티벌이 개최되기까지 축제를 위해 어떠한 공연장도 새로 짓지 않았다. 기존의 교회, 광장, 거리가 그들에게는 공연장이 된다.

이에 비해 우리나라의 경우는 먼저 엄청난 돈을 들여 공연장부터 짓고 시작한다. 최근 몇 년간 광역자치단체가 주관한 축제나 박람회의 대부분이 축제장을 짓는 데 수백억 원씩의 돈을 쏟아 부었다. 또 축제가 끝나면 그 시설을 해체하는 데 수억 원의 돈을 들인다. 한 마디로 주민의 혈세를 낭비하는 축제를 벌이고 있는 것이다.

이제 우리도 기존의 산사(山寺)나 고가옥, 정자, 거리와 광장, 공원을 축제장으로 활용하는 발상의 전환이 필요하다. 거대지향주의, 전시효과 위주의 축제에서 벗어나야 한다. 어떻게 하면 시설비를 적게 들이면서 내실 있고 수준 높은 축제를 할 것인가를 고민해야 할 때이다.

다섯째, 이웃 도시를 배려하려는 공존의 자세가 필요하다. 아비뇽 축제의 경우 이웃 도시에 피해를 주지 않기 위해 이웃 도시에서 개최하고 있는 클래식 음악과 오페라는 공연하지 않는다. 우리는 이런 배려가 너무 부족

발콩 극장의 객석 객석은 쇠파이프를 연결해 계단을 만들고, 그 위에 나무판자를 설치하였다.

하다. 어느 곳에서 영화제가 성공한다 싶으면 너도나도 영화제에 뛰어들고, 어느 도시에서 어떤 축제가 성공한다 싶으면 바로 옆에 있는 도시들도 너나없이 비슷한 유형의 축제를 만들어서 결국에는 모두 다 관중으로부터 외면당하게 된다.

각 도시마다 영화제를 치를 수 있다. 문제는 차별적인 내용으로 전문화해야 한다는 것이다. 똑같은 분야를 한다는 것이 문제가 아니라, 이 축제나 저 축제나 똑같은 잡탕식 비빔밥이라는 점이 큰 문제다(조선일보, 1999. 9. 29.). 그러므로 영화제를 개최하더라도 다른 지방의 영화제와 구별되는 그 축제만의 특성을 지녀야 한다. 예컨대 '부천 판타스틱 영화제'는 같은 영화제라 하더라도 분명한 자기만의 색깔을 지니고 있기 때문에 성공적인 축제로 자라나고 있는 것이다(김춘식, 2001: 185). 그러므로 같은 장르의 축제를 개최하더라도 기존의 축제와 중복을 피하면서 내용과 형식에서 독특하고 창의적인 축제를 개최하려는 노력이 필요하다.

여섯째, 지속적인 평가와 토론, 교육이 필요하다. 아비뇽 페스티벌의 경우 자유로운 비평과 토론, 교육을 통해 끊임없이 축제의 수준을 높이고 있다. 그들의 축제에는 공연과 함께 비평과 토론 그리고 교육 등이 함께 자리잡고 있다.

이에 비해 우리나라 축제의 경우에는 몇몇 앞서가는 축제를 제외하면, 축제에 대한 체계적인 보고서나 비평과 토론 등을 찾아보기란 쉽지 않다. 안동 국제탈춤 페스티벌이 개최 4년 만에 문화관광부 선정 전국최우수 축제로 자리잡게 된 데에는 체계적인 축제평가보고서의 덕이 크다.

축제가 지속적으로 발전되기를 원한다면 축제기간 중 공연과 축제 전반에 대한 활발한 평가와 토론이 필요하다. 또한 객관적인 평가보고서를 통해 잘못되었거나 부족한 점은 지속적으로 보완하고 개선해 나가는 노력이 뒤따라야 한다.

PLUS TIP

아비뇽 페스티벌 홈페이지

공식선정부문(In) http://www.festival-avignon.com
자유참가부문(Off) http:// www.avignon-off.org

REFERENCE

참고문헌

고봉만, 이규식 외(2001), 『프랑스 문화예술, 악의 꽃에서 샤넬 No.5까지』, 한길사.

김석철(1997), 『김석철의 세계 건축기행』, 창작과 비평사.

김영재(2000), 『기독교 교회사』, 이레서원.

김창호(2001), "세금만 낭비하는 축제여선 안 되죠", 『문화도시 문화복지』 제101호
　　　　(2001.4.15). 한국문화정책개발원.

김춘식(1999), "지역개발전략으로서 향토문화의 관광상품화 -안동지역을 중심으로-",
　　　　『한국행정논집』 제11권 제1호, 대구 · 경북행정학회.

김춘식(2001), "지역축제의 성공전략", 『2001 지역문화의 해 대 토론회』, 2001 지
　　　　역문화의 해 추진위원회.

송승환(2000), "일사일언 - 축제공화국", 『조선일보』 2000. 10. 11.

이원태(1997), "향토축제의 육성 및 발전방안", 『향토축제 기획담당자 연수교재』,
　　　　충청남도.

이장훈(2001), 『유럽의 문화 도시들』, 자연사랑.

조선일보(1999. 9. 29).

최영민(2001), "인구 10만 500여 개 축제의 도시 아비뇽 한 연극인의 희생으로 일군
  '내고장 사랑'", 『문화도시 문화복지』 vol.109, 한국문화정책개발원.

Daniel Riviére 저, 최갑수 역(1995), 『그림으로 보는 프랑스의 역사』, 까치.

William R. Cannon 저, 서영일 역(1986), 『중세교회사』, 기독교문서선교회.

Avignon-Public-Off(1999), *Festival off Programme 1999*.

Festival d'Avignon(1999), *Festival d'Avignon Programme 1999*.

Festival d'Avignon(1999), *Festival d'Avignon*.

http:// www.festival-avignon.com

http:// www.avignon-off.org

http://perso.club-internet.fr/jdelegue/avignon.htm

꽃마차 퍼레이드 _ 니스 카니발의 백미인 꽃마차 퍼레이드에서는 수천 송이의 꽃으로 장식한 수레 위에서 미녀들이
환한 미소와 함께 꽃을 던져준다.

2장 _ 꽃과 빛의 축제
니스 카니발(Carnaval de Nice)

지중해 최고의 휴양도시 니스! 카니발이 열리는 2월이 되면 거리는 발 디딜 틈이 없다. 카니발 기간 중 100만 명 이상이 니스를 찾기 때문이다. 바다를 향해 최고급 호텔이 줄지어 늘어선 거리인 '프롬나드 데 장글레(Promende des Anglais)'에서는 화려한 꽃마차 퍼레이드가 열리고, 이 지역 최고의 미녀들이 환한 미소와 함께 꽃다발을 던져준다. 중심가인 장 메드셍 거리(Avenue Jean Médecin)에서는 가장 행렬이 벌어지고, 어둠이 내리면 마세나 광장(Place Masséna)에선 역동적인 빛의 향연이 펼쳐진다.

■ 지중해 최대의 휴양도시, 니스

니스는 프랑스 남동부에 위치한 지중해 최대의 휴양도시이다. 인구는 35만 명으로 프랑스에서는 다섯 번째로 큰 도시이다.

이곳은 지중해성 기후로 인해 겨울에도 따뜻하고, 여름에도 무덥지 않다. 이러한 이유로 니스는 예로부터 북유럽의 왕후나 귀족들의 겨울 피한지로서 화려한 사교 모임이 펼쳐졌던 도시이다. 여름철의 니스 해안은 세계 각국의 미녀들이 몰려와 저마다 아름다운 몸매를 자랑하는 곳으로 유명하다.

이 곳의 해안은 꼬뜨 다쮜르(Côte d'Azur)로 불리고 있다. 불어로 아쮜르(Azur)란 푸르디 푸른 쪽빛이란 의미이고, 꼬뜨(Côte)란 해안이란 뜻이다. 따라서 꼬뜨 다쮜르란 '쪽빛 해안'이란 뜻이다. 영어로는 리비에라(Riviera) 해안으로 부른다.

해안을 따라 만나는 키 큰 야자나무 그늘은 한낮의 강한 태양 빛을 부드럽게 해주고 시가지에는 고대 로마의 발자취가 그대로 남아있어 오래된 역사의 흔적과 향기를 만날 수 있다.

태양으로부터 찬란한 혜택을 받는 이 거리에선 삶을 즐기며 살아가는 사람들의 밝고 여유 있는 다양한 미소를 만날 수 있다. 살레야 광장(Cours Saleya)에선 화요일부터 일요일까지는 꽃과 야채를 파는 시장이, 월요일은 골동품 시장이 열려 작은 유리병이나 독특한 악세서리 등 다양한 물건들이 주인을 기다리고 있다.

우리는 니스 카니발을 관람하기 위해 2000년 2월 26일 스페인의 바르셀로나 공항을 아침 6:30분에 출발하여 바다 위로 찬란하게 비치는 태양을 바라보며 이 쪽빛 바다 위로 날았다. 비행기는 Air Littoral사의 소형비행기였는데 너무 작은 프로펠러 비행기라 안전이 걱정되었다. 그러나 예상외로 편안한 비행이었다. 프랑스의 꼬뜨 다쥐르 바다 위로 들어서자 지중해 해안에 점점이 박힌 섬과 푸른 바다가 아침 햇살을 받으며 찬란하게 빛나는 광경은 말로 형언할 수 없는 아름다움과 벅찬 감동으로 다가왔다.

■ 오랜 역사를 지닌 니스 카니발

이곳은 맑고 푸른 바다와 따뜻한 기후, 아름다운 경치로 인해 사시사철 관광객이 몰려든다. 니스는 수많은 관광객들을 위해 일년 내내 전시회, 음악회 등 각종 문화행사를 개최한다. 1월에는 신년음악회, 2월에는 니스 카니발과 현대음악제, 3월에는 니스~파리 간 자전거 경주대회, 4월 꽃축제, 5월에는 국제 청소년 민속축제 등.

니스는 각종 국제회의 등이 프랑스에서 파리 다음으로 많이 열리는 곳이기도 하다. 1999년에만 약 50만 명이 회의 참석차 니스를 방문하였을 정도로 컨벤션 산업이 발달한 곳이다. 따라서 특급호텔 21개를 비롯하여 이 조그만 도시에 무려 190여 개의 호텔이 들어서 있다.

니스 카니발의 역사는 중세로 거슬러 올라간다. 1294년에 "앙주 공작이며 프로방스 백작인 샤를르 2세(Charles II)가 카니발의 즐거운 날들을 보내기 위해 니스에 체류하였다"라는 기록이 있는 것으로 보아 그 이전부터 카니발이 있었음을 짐작할 수 있다.

18세기 이전까지는 거리 카니발이 성행하였다. 가장행렬, 불꽃놀이, 광대와 무언극이 공연되고, 귀족, 직공, 상인, 어부, 노동자들의 무도회가 도시의 주요한 중심부에서 열렸다.

18세기에 들어와서 축제는 '귀족화' 하게 된다. 베니스 카니발의 영향을 받아 사적인 가면무도회가 호화로운 통치자나 명사들 집 또는 살롱에서 열리는 것이 유행이 되고, 대신에 거리 카니발은 줄어들었다.

1829~1830년 사이의 겨울에 사르디니아 왕국의 통치자 샤를르 펠릭스(Charles Felix)와 왕비 마리 크리스틴(Marie Christine)이 니스에 와서 체류하였다. 이 당시에 니스 지역은 사르디니아 왕국의 통치하에 있었다. 니스가 프랑스 왕의 지배 아래 확실히 들어오게 된 것은 1860년부터의 일이다. 당시 지역의 유지들은 니스를 찾은 군주에게 존경의 표시를 하고 싶었다. 어떻게 할까 의논하던 중 카니발 때 거대한 퍼레이드 행렬을 만들어 왕을 즐겁게 해주기로 하였다. 이리하여 살레야 광장에서 처음으로 축제 퍼레이드가 시작되었다. 30여 대의 사륜마차가 왕의 앞에서 행렬을 지어갔다. 마차 주위로 명사들이 화려한 의상을 차려입고 열을 지어 지나가

꽃마차 퍼레이드를 기다리는 관람객　해변도로 '프롬나드 데 장글레'를 따라 계단식 관람석을 설치하여 입장료를 받고 관람시킨다. 대부분의 관람객들이 니스를 상징하는 미모사 꽃을 손에 들고 있다.

며, 꽃과 설탕캔디로 만든 사탕 그리고 색종이 조각들을 던졌는데 이것이 오늘날과 같은 니스 카니발의 시작이었다(Nice Matin, 2000 : 41).

1873년에는 당시 그리스 주재 영사였던 앙드리오 세톤(Andriot Saëton)이 니스에 왔다. 그는 좀더 효율적인 축제를 위해 '축제위원회'를 조직할 것을 시장에게 권유하였다. 그의 권유에 따라 당장에 축제위원회(comité des fêtes)가 조직되었다.

1876년부터는 니스 해안의 '프롬나드 데 장글레'라고 부르는 해안도로에서 꽃마차 퍼레이드가 시작되었다.

1882년에는 왕의 수레가 움직이는 모습으로 나타나게 된다. 니스 카니발의 전성기는 '벨에포크'(la Belle-Epoque) 시대라 불리는 20세기 초의 황금시대이다. 그 당시에 니스 카니발은 전 세계에서 가장 큰 카니발이었다.

■ 카니발 기간은 어떻게 결정되는가?

기독교 절기인 사순절을 앞두고 프랑스의 니스, 이탈리아의 베네치아, 브라질의 리우데자네이루 등에서는 '카니발'이 벌어진다.

카니발(Carnival)이란 단어는 라틴어로 '고기'라는 뜻의 카르네(Carne)와 '격리'라는 뜻의 레바레(levare)가 합쳐진 말로 '고기(육식)를 떠난다'는 뜻이다. 이러한 의미로 사육제(謝肉祭)라고 번역하기도 한다. 이 축제는 기독교, 특히 가톨릭 문화권에서 사순절 금욕기간 전에 실컷 술과 고기를 먹고 즐기려는 뜻에서 시작된 잔치이다. 사순절 동안에는 금식과 속죄를 하도록 정해져 있었기 때문이다.

사순절(四旬節, Lent)이란 기독교에서 부활절을 앞두고 경건하게 준비하

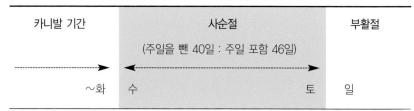

〈그림1〉 카니발 기간과 사순절 및 부활절의 관계

카니발 기간	사순절 (주일을 뺀 40일 : 주일 포함 46일)	부활절
~화	수 토	일

는 시기로서 부활절 전 40일간(四旬)을 말한다. 그러나 실제로는 부활 46일 전부터 시작하는데, 그것은 40일 중에 주일(6회)은 포함되지 않기 때문이다. 사순절의 시작은 '재의 수요일(Ash Wednesday)'이라고 부르는 수요일에 시작하여 부활절 전날인 토요일에 끝난다. 사순절의 시작일에 '재의 수요일'이라는 이름이 붙은 것은 교회가 이 날 미사 중에 참회의 상징으로 재의 축성과 재를 머리에 얹는 예식을 행하는 데서 생겨났다고 한다.

그런데 부활절의 날짜는 해마다 다르다. 부활절의 계산법은 서기 325년에 니케야 총회에서 동방교회(알렉산드리아, 예루살렘, 안티옥, 콘스탄틴 교구를 포함한 로마 동쪽에 위치한 교회들)와 서방교회(로마교구를 중심으로 서쪽에 위치한 교회들)의 의견을 절충하여 결정했는데 '춘분 다음 만월(보름) 후 첫째 주일'이 되도록 하였다. 따라서 부활절은 매년 3월 22일부터 4월 25일 사이에 온다. 2000년의 경우는 부활절이 4월 23일이었고, 2001년은 4월 15일, 2016년은 3월 27일이 부활절이다.

이처럼 부활절 날짜가 해마다 변하므로 자연히 사순절도 그에 따라 달라지고 카니발 시기도 해마다 달라진다.

카니발은 사순절이 시작되는 수요일 이전에 끝나야 한다. 다시 말해 모든 카니발은 화요일(Mardi Gras)에는 끝나도록 되어 있다. 그러나 시작하는 시기는 카니발에 따라 약간의 차이가 있다. 세계적으로 유명한 3대 카니발(니스 카니발, 베네치아 카니발, 리우 카니발)의 개최기간을 보면 아래 〈표1〉과 같다.

그런데 니스 카니발이 개최되는 기간은 프랑스의 겨울방학(Vacance d'Hiver) 기간이다. 프랑스의 겨울방학은 약 3주간 계속되는데 휴가객들이 한꺼번에 몰리는 것을 방지하기 위해 프랑스 전역을 A, B, C군으로 나누어 순차적으로 방학에 들어간다. 즉 A지역이 첫째 주에 3주간의 방학에 들어가면, B지역은 그 다음 주에, C지역은 그 다음 주에 방학이 시작된다. 이처럼 정부에서는 휴가객이 골고루 분산되도록 방학기간을 조정하고 있다. 니스 카니발은 프랑스의 겨울방학 기간에 3~4주 동안 열리는 것이다.

〈표1〉 세계유명 카니발의 개최기간

카니발명	2000년 카니발	2011년 카니발
니스 카니발	2. 10 (목) ~ 3. 7 (화) : 27일간	2. 18 (금) ~ 3. 8 (화) : 19일간
베네치아 카니발	2. 25 (금) ~ 3. 7 (화) : 12일간	2. 26 (토) ~ 3. 8 (화) : 11일간
리우 카니발	3. 4 (토) ~ 3. 7 (화) : 4일간	3. 5 (토) ~ 8 (화) : 11일간

■ 축제의 테마는 왕(王)

전통에 따라 니스 카니발의 테마는 왕이다. 축제의 중심 테마는 왕이지만 해마다 왕의 이름은 달라진다〈표2〉. 이제 왕의 이름을 어떻게 정하는지 살펴보자.

우리가 답사했던 2000년도 니스 카니발의 주제는 '오딧세이 왕'이었

<表2> 니스 카니발의 테마(2000년~2016년)

연 도	주 제
2000	오딧세이 왕(Roi des Odyssées)
2002	유로랜드 왕(Roi de L'Euroland)
2016	미디어의 왕(Roi des Médias)

다. 오딧세이 왕은 호메로스의 대서사시 『일리아드』와 『오딧세이』에 나오는 주인공이다. 『일리아드』는 지금부터 약 3천여 년 전에 있었던 그리스와 트로이 간의 10년간에 걸친 전쟁 중 마지막 수십일간의 공방과 투쟁에 관한 기록이다. 아킬레우스, 오딧세우스, 디오메데스, 아가멤논 등 그리스측 영웅과 헥토르, 파니스, 아이네이아스 등 트로이 군 간에 싸우는 치열한 싸움의 기록이다.

한편 『오딧세이』는 '오딧세우스의 노래'라는 뜻으로, 트로이 전쟁이 끝난 후 오딧세우스가 고향인 이타케로 돌아가는 10년 동안의 과정을 그린 것이다. 내용을 요약하면 다음과 같다.

트로이 성을 목마로 함락한 오딧세우스는 귀국을 서두른다. 그러나 해신(海神) 포세이돈의 미움을 사서 온갖 역경을 다 겪는다. 폭풍과 해일, 조난과 표류, 거인족 동굴에의 유폐와 탈출, 식인종과의 사투, 세이렌 요정의 유혹, 여신 칼립소와의 사랑과 탈출 등 10년의 모험과 유랑 끝에 고국 땅을 밟게 된다.

고국에 돌아와 보니, 아내 페넬로페는 그녀와의 혼인으로 왕위를 차지하려는 구혼자들의 등쌀에 시달리고 있었다. 오딧세우스는 거지로 꾸미고 궁정에 나타나 아내를 괴롭히던 청혼자들에게 통쾌한 복수를 하고 마침내 아내와 재회하게 된다(M. 그랜드 · 헤이즐, 1993: 302~314).

기원전 9세기경 그리스 시인인 호메로스의 서사시 『오딧세이』는 자연의 거대한 힘이나 신들의 미움과 질투도 오딧세우스의 사랑을 막지 못하고, 정적들의 음모와 간계를 물리치고 끝내 사랑을 되찾는다는 휴머니즘적 영웅담이다. 결말 부분은 마치 서양판 『춘향전』을 읽는 것 같다. 신화와 역사를 넘나들며 오딧세우스의 모험과 사랑을 그린 이 이야기는 서양 사람들에게는 매우 친숙하다.

이 이야기는 오랫동안 신화로 간주되었다. 그런데 독일 태생의 고고학자 하인리히 슐리만(Heinlich Schliemann)의 발굴에 의해 1871년에 고대도시 트로이의 위치가 확인됨으로써 역사적 사실로 인정받게 되었다. 트로이는 오늘날 터키의 카나칼레 근처에 있는 히사를리크로 확인되고 있다

2000년도 니스 카니발의 주제인 오딧세이 왕
오딧세이 왕을 2000년 니스 카니발의 주제로 선정한 것은 아마도 서양의 2000년을 오딧세우스의 20년간에 걸친 모험과 사랑에 비유하여 드라마틱한 요소와 희망을 찾고자 한 것인지도 모른다.

(이희수. 1999 : 46).

　'오딧세이 왕'을 2000년 니스 카니발의 주제로 선정한 것은 아마도 서
양의 2000년을 오딧세우스의 20년간에 걸친 모험과 사랑에 비유하여 드
라마틱한 요소와 희망을 찾고자 한 것인지도 모른다.

　2001년도 니스 카니발은 '세 번째 밀레니엄 왕(Roi du 3ème Millenaire)'
을 주제로 삼았다. 이것은 21세기가 시작되는 첫 해인 2001년에 지금까지
의 최신 기술의 발달을 기반으로 21세기의 비전을 제시한다는 의도에서
정한 것이라고 한다.

　한편 2002년도 니스 카니발은 주제를 '유로랜드 왕(Roi de L' Euroland)'
으로 정하였다. 그 이유는 2002년 1월 1일부터 유럽연합의 단일통화인
'유로(Euro)'가 전면적으로 통용되면서 명실상부한 유럽연합지역(유로랜
드)이 출발한 것을 기념하기 위해서이다. 이처럼 니스 카니발은 해마다 그
해에 적합한 상징적인 주제를 내세워 축제를 개최한다.

■ 축제의 시작은 카니발 왕의 도착으로

　니스 카니발의 개막은 '카니발 왕(Sa Majesté Carnaval)'의 도착으로부터
시작한다. 그 해의 주제가 되는 거대한 형상의 왕의 수레가 장 메드셍 거
리에서 출발하여 마세나 광장(Place Masséna)에 목요일 밤 9시에 도착함으
로써 축제는 시작된다. 이 개막 행사에는 약 2,000명의 어린이가 갖가지
복장을 하고 참여한다.

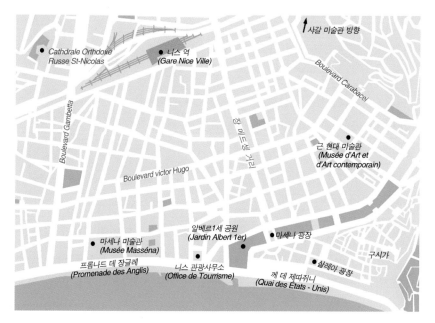

근 현대 미술관
(Musée d'Art et
d'Art contemporain)

Boulevard Carabacel

샤갈 미술관 방향

Cathdrale Orthdoxe
Russe St-Nicolas

니스 역
(Gare Nice Ville)

Boulevard Gambetta

Boulevard victor Hugo

장 메드생 거리

마세나 미술관
(Musée Masséna)

프롬나드 데 장글레
(Promenade des Anglis)

알베르1세 공원
(Jardin Albert 1er)

니스 관광사무소
(Office de Tourrisme)

마세나 광장

살레이 광장

구시가

께 데 제따쥐니
(Quai des États - Unis)

■ 프로그램 배치의 노하우

니스 카니발이 핵심 프로그램은 꽃마차 퍼레이드, 빛의 가장행렬과 폐
막식이다. 〈표3〉을 보면 꽃마차 퍼레이드는 수요일과 토요일 오후 2시 30
분에, 빛의 가장행렬은 토요일과 화요일 밤 9시에 배치하고 있다. 꽃마차
퍼레이드는 수요일과 토요일에 낮에, 밤에 하는 빛의 가장행렬은 화요일
과 토요일 밤에 핵심 프로그램을 집중 배치하고 있음을 알 수 있다.

토요일과 일요일에 중요 이벤트를 배치한 것은 이해가 가지만 왜 화요
일 밤과 수요일 낮에 빛의 가장 행렬과 꽃마차 퍼레이드라는 메인이벤트
를 넣었을까? 이유는 간단하다. 프랑스에서 수요일은 학교 수업이 없는
날이기 때문이다.

학교가 쉬는 날이므로 많은 사람이 올 수 있다. 따라서 화요일 오후부터는 자유로우므로 화요일 저녁부터 수요일 낮 사이에 메인이벤트를 개최하는 것이다.

행사 개최 시간도 유심히 살펴볼 필요가 있다. 꽃마차 퍼레이드와 가장행렬은 각각 오후 2시 30분에 시작한다. 왜 오후 2시 30분인가? 축제기간 중 밤늦도록 놀다가 아침 일찍 일어나기 힘들기 때문이다. 느지막이 일어나서 점심식사를 여유 있게 하고 퍼레이드를 보려면 오후 2시 30분이 가장 이상적인 시간이라는 것을 그들은 오랜 경험으로 터득한 것이다. 〈표 3〉에 보면 토요일 오후와 밤에 걸쳐 두 가지 종류의 메인이벤트를 집중 배치하고 있다. 그런데 비해 일요일 밤에는 폐막일을 제외하고는 아무런 이벤트가 없다. 왜 그럴까? 주 5일 근무제가 오래 전부터 실시되고 있는 프랑스에서는 토요일이 가장 여유가 있는 시간이다. 그에 비해 일요일 밤은 다음날 아침 일찍 출근하기 위해 집으로 돌아가야 하는 시간이므로 니스에 머물면서 축제를 즐길 만한 시간이 없기 때문이다. 관광객이 거의 다 빠져나간 일요일 밤에 축제를 벌인들 손님이 오겠는가? 그래서 일요일 밤에는 메인이벤트가 없는 것이다.

대신 일요일 낮에는 오전 11시에 팬 케이크와 비슷한 니스의 특징 음식인 소카 파티(Socca Party)가 열린다.

■ 카니발의 백미, 꽃마차 퍼레이드

꽃마차 퍼레이드(bataille de fleurs)는 수요일과 토요일 오후 2시 30분에 '프롬나드 데 장글레(Promenade des Anglais)'라고 부르는 해변도로에서

〈표3〉 2016년 니스 카니발의 핵심프로그램의 일정, 장소 및 입장요금

프로그램명	일 시	장 소	입장료	
			좌석	입석
꽃마차 퍼레이드 (bataille de fleurs)	2/13(토) 14 : 00 2/17(수) 〃 2/20(토) 〃 2/24(수) 〃 2/27(토) 〃	프롬나드 데 장글레 (Promenade des Anglais)	26유로 (3만 4,000원)	11유로 (1만 4,400원)
빛의 가장행렬 (corso carnavalesque illuminé)	2/13(토) 21 : 00 2/16(화) 〃 2/20(토) 〃 2/23(화) 〃	알베르 1세 공원 및 마세나 광장 (Jardin Albert 1er)	26유로 (3만 4,000원)	11유로 (1만 4,400원)
가장행렬 (corso carnavalesque)	2/21(일) 14 : 30		21유로 (2만 7,500원)	11유로 (1만 4,400원)
소카음식 파티 (Socca Party)	2/14(일) 11 : 00 2/21(일) 〃 2/28(일) 〃	알베르 1세 공원 (Jardin Albert 1er)		
폐막식	2/28(일) 21 : 00	마세나 광장 (Place Masséna)	무료	

* 2016년 1월 말 현재 1유로 = 1,310원

개최된다. 니스에는 해안을 따라 도로가 이어져 있는데 그 이름이 재미있
다. 서쪽 해안은 '영국인의 산책로'란 뜻을 가진 '프롬나드 데 장글레'
(Promenade des Anglais)라고 부르고, 동쪽 해안은 '미국 해안'이란 뜻을
가진 '께 데 제따쥐니(Quai des Etats-Unis)'라고 부른다.

꽃마차 퍼레이드 꽃마차 한 대의 크기는 길이 7m, 너비 2m이고, 높이는 6m 나 된다. 꽃마차 한 대를 장식하는데는 보통 4~5 천 송이의 꽃이 들어간 다.

　전망이 아름다운 '프롬나드 데 장글레'에는 최고급 호텔들이 탁 트인 지중해의 쪽빛 바다를 향해 줄지어 늘어서 있다. 도로 중앙의 녹지대에는 키 큰 야자나무가 십수 미터 크기로 자라 이 지역의 온화한 기후를 대변해 준다.

　바다 쪽 길가에는 도로를 따라 수만 명이 볼 수 있는 계단식 관람석 (tribunes)을 만들어 두었고, 육지 쪽 길가에는 관람객들이 도로변에 서서 볼 수 있다. 꽃마차 퍼레이드를 위한 교통통제는 퍼레이드가 시작되기 두 시간 전부터 시작된다. 그리고는 퍼레이드 코스의 거리 양쪽을 이동식 철 제 울타리로 연결시켜 입장료를 받고 관람객을 들여보낸다. 좌석은 26유 로(34,000원), 입석은 11유로(14,400원)이었다.

　객석은 입추의 여지없이 가득 찼다. 오후 2시 30분이 되자 악대의 힘찬 팡파르와 함께 형형색색의 꽃다발과 수천 개의 꽃송이로 아름답게 꾸며진 꽃마차 20여 대가 서서히 모습을 드러내기 시작하였다.

꽃마차 한 대의 크기는 길이가 7m, 너비는 2m이고, 높이는 6m나 된다. 옛날에는 말이 끄는 마차였으나 요즈음은 대형 특수 자동차에 장식을 한다. 꽃마차 한 대를 장식하는 데는 보통 4~5천 송이의 꽃이 들어간다. 장식에 쓰이는 꽃의 종류는 장미, 카네이션, 글라디올러스, 미모사, 다알리아 등이다. 특히 미모사는 니스를 상징하는 꽃으로 이 시기에 많이 피어난다. 축제에 필요한 꽃의 90%를 공급하는 이 지역의 화훼농가는 카니발 기간에 맞추어 출하하기 위해서 11월에 꽃을 심는다.

꽃마차 위에서는 이 지역 최고의 미녀들이 수만 명의 관중들에게 환한 미소와 함께 꽃을 던져준다. 관중들은 환호성을 지르며 던져주는 꽃을 서로 받으려고 경쟁한다. 관중들은 종이 꽃가루(confettis)를 다른 사람에게 뿌리며 즐거워한다. 꽃마차 사이사이에 프랑스의 각 지역과 세계 각국에서 온 악대, 거리예술가, 무용단 등의 공연팀들이 여러 가지 모양의 가면을 쓰거나 조형물을 끌고 퍼포먼스를 하면서 지나간다. 거리 퍼레이드에 사용되는 조형물의 기발한 착상과 기술 수준은 우리의 상상을 초월한다. 그 중에서도 가장 눈길을 끄는 것은 빨간 색의 기린 조형물이었다. 십여 미터 높이의 기린 모형을 유연하게 움직일 수 있도록 만들고 밑에는 작은 바퀴를 달아 그 속에 사람이 들어가서 끌 수 있게 만들었다.

2000년 2월 26일(토) 오후에 있었던 꽃마차 퍼레이드에 참가한 팀들을 보면

기린 퍼포먼스 거리 퍼레이드에 사용되는 조형물의 기발한 착상과 기술 수준은 우리의 상상을 초월한다.

프랑스 국내에서는 니스 민속무용단, 니스 젊은이 그룹과 니스 무용학교의 4개 팀을 비롯하여 프랑스의 14개 도시에서 온 팀들이 참가하였고, 외국에서는 독일, 스위스(3팀), 브라질 삼바팀이 퍼레이드에 참여하였다.

행렬을 자세히 보고 있으면 거리 퍼레이드의 구성 방법이 눈에 들어온다. 한 대의 꽃마차가 지나가면 반드시 퍼포먼스 팀이 지나간다. 그리고 음악이 들리지 않으면 흥이 반감되기 때문에 악대를 행렬의 중간 중간에 배치하여 흥겨운 분위기와 음악이 끊어지지 않고 계속해서 이어지도록 배치하고 있다. 악대도 물론 축제 분위기에 맞게 재미있고 다양한 의상을 입고 있다.

니스 카니발에는 니스는 물론이고 프랑스 각지에서 온 팀들과 독일, 스위스, 스페인, 이탈리아, 브라질 등 세계 각국에서 온 팀들이 참가한다. 이들 출연 팀의 선정은 미리 신청을 받아 선정한다. 참가팀은 회사, 학교, 음악, 무용단체에서 신청을 받아 선정하는데, 특히 니스 민속무용단과 댄스학교 학생들이 많이 참가한다.

외국 참가 팀에 대해서는 숙식만 제공하고 항공료나 기타 비용은 참가팀이 자비로 부담한다고 한다. 우리는 외국 팀을 초청할 때 항공료, 숙박비 외에 출연료까지 주는 것에 비하면, 유명한 축제일수록 돈을 적게 들이고 치를 수 있다는 느낌이 든다.

■ 어둠을 밝히는 '빛의 가장행렬'

마세나 광장에 어둠이 내리면 화려한 '빛의 가장행렬(défilé aux lumiéres)'이 펼쳐진다. 넓은 마세나 광장의 네 면에는 계단식 관람석이 설

치되고 관람석 뒤로 높이
9m, 길이 500m의 대형
조명판이 세워져 15와트
짜리 전구 15만 개가 불을
밝힌다. 뿐만 아니라 축제
의 테마를 상징하는 거대
한 조형물에 불을 밝힌다.
화려한 네온사인 조명은
관람객들을 들뜨게 만든
다. 뿐만 아니라 마세나

거리의 야간조명 카니발 기간 중에는 화려한 조명 시설로 밤거리를 아름답 게 수놓고 있다.

광장에 이르는 주요 도로에도 여러 가지 모양의 조명을 한다.

계단식 관람석에는 3만 원이 넘는 비싼 입장료에도 불구하고 입추의 여
지없이 관중들이 메우고 있다.

빛의 행렬에는 이날 오후 꽃마차 퍼레이드에 참여했던 퍼포먼스 팀들과
그 외의 여러 대형 형상물들이 붉을 밝히고 마세나 광장을 돌면서 화려함
과 흥겨움의 극치를 보여준다. 특히 10세 전후의 어린아이들이 대형 수레
위에서 순수하고 밝은 모습으로 음악에 맞추어 춤을 추고 애교를 부리는
모습은 너무도 인상적이다. 우리나라 학생들이 입시에 찌들리고 학교성적
에 치여서 즐거움을 모르고 자라는 것이 생각나서 한편 그들이 부럽고, 한
편 우리 아이들이 불쌍하다는 생각이 들었다.

거대한 조형물들이 지나갈 때마다 관람석에서는 사진을 찍거나 환호성
을 지르느라 정신이 없다. 광장으로 달려나가 음악에 맞춰 신나게 춤추고
흥겹게 노래부르는 사람들도 많았다. 관중들은 콩페티(Confettis)라 부르
는 종이꽃가루를 뿌리거나 봄브(Bombes)라 부르는 고체스프레이를 마구

빛의 행렬 마세나 광장에 어둠이 내리면 화려한 빛의 행렬이 펼쳐진다. 전구 15만 개를 사용한 형형색색의 조명은 관람객들을 들뜨게 만든다.

뿜어대면서 즐거워하였다. 이 봄브는 한 번 옷에 묻으면 잘 떨어지지 않아 귀찮게 느껴지지만 그네들은 아랑곳하지 않고 마치 우리가 눈싸움을 할 때 서로 눈을 던지며 즐거워하듯 서로에게 기습적으로 봄브를 뿌리며 즐거워하였다.

이 퍼레이드 행렬은 드넓은 마세나 광장을 한바퀴 돈 뒤에 중앙무대에 올라 즐겁게 춤을 추거나 볼거리를 보여준 뒤 다시 내려가서 행렬에 합류한다. 빛의 행렬의 마지막으로 축제의 주제인 거대한 오딧세이 왕 조형물이 입장한다. 옆자리에 앉은 아주머니에게 축제에 대해 어떻게 생각하느냐고 물어보았더니 돌아오는 대답은 기대와는 달랐다. 니스에 살고 있다는 이 아주머니는 카니발이 옛날 같지 않다고 불평이다. 자기가 보기에는 '너무 상업화되었다'는 것이다. 축제 행사가 끝난 자리에는 종이꽃가루와 고체스프레이, 관람객들이 버리고 간 갖가지 쓰레기만 남는다. 그러나 아침이 되면 거리는 언제 축제가 있었느냐는 듯이 깨끗하게 변해 있다. 우리는 장 메드생 거리에서 가까운 리볼리 호텔(Hotel Nice Rivoli)에서 묵었는데 이튿날 새벽에 잠에서 깨어 창문 밖을 보고는 깜짝 놀랐다. 거리는 너무도 깨끗하였고 아스팔트는 촉촉이 젖어 있었다. 그 이유를 알아보기 위해 급히 카메라를 둘러메고 거리로 나왔다. 그 곳에서는 어젯밤에 축제로 더러워진 거리를 청소부들이 깨끗하게 물로 씻어내고 있었다.

코르소를 쓰고 펼치는 카니발 가장행렬　코르소는 얼굴만 가리는 가면이 아니고 허리 부위까지 가리는 탈이라는 점이 다른 가면과 다르다.

■ 코르소를 쓰고 펼치는 가장행렬

일요일 오후에 마세나 광장과 그 주변 거리에서 벌어지는 가장행렬(corso carnavalesque)에는 거대한 카니발 조형물 행렬 20여 대와 음악가, 거리예술가, 공연단 들이 코르소(corso)라 부르는 대형 가면을 쓰고 퍼레이드 조형물과 함께 움직인다. 코르소(corso)는 얼굴만 가리는 가면이 아니고 허리 부위까지 사람 전체를 가리는 탈이라는 점이 다른 가면과 다르다.

빛의 행렬 참가 관중
관중들이 서로에게 콩페티(confettis)라 부르는 종이 꽃 가 루 나 봄 브 (bombes)라 부르는 고체 스프레이를 뿌리면서 즐거워하고 있다.

■ 부대행사인 카페 종업원 음료수 잔 들고 달리기

니스 카니발의 주요 프로그램들은 주로 오후와 밤에 이루어진다. 외지에서 온 관광객들은 늦잠을 자더라도 오전에는 박물관이나 미술관, 공원 등을 돌아보는 외에는 재미있는 프로그램이 없다. 이러한 막간을 이용하여 크고 작은 이벤트가 있다.

일요일 오전 10시에 '가르송'이라고 불리는 카페 종업원들의 음료수 잔 들고 달리기 대회가 있었다. 프랑스의 카페 종업원들은 우리나라의 다방과 달리 거의 100%가 남자 종업원들이다. 그래서 그들을 부를 때 '젊은 사내'라는 뜻을 가진 가르송(garçon)이라고 부른다. 가르송들은 쟁반 위에 커피와 콜라, 맥주병 등을 얹어놓고 마세나 광장 주변을 한 바퀴 도는 달리기 대회를 한다. 이 경기는 음료수를 쏟지 않고 빨리 도착해야 하는 경기이다. 오전이어서 그런지 관람객은 많지 않았다. 주최측에서는 경기가 열리는 도중에 맥주회사나 음료수 회사들로부터 후원받은 각종 셔츠나 액세서리 등을 관중석으로 던져주어 참여를 유도하였다.

■ 축제의 절정기, '르 그랑 샤리바리'

니스 카니발에서는 축제의 절정기를 '르 그랑 샤리바리(le grand charivari)'라고 부른다. 이 기간은 카니발의 마지막 4~5일간으로 시내 전

<표4> 니스 카니발의 축제기간과 절정기

개최 연도	축제기간	축제의 절정기 (le grand charivari)
2000	2. 10 (목) ~ 3. 7 (화): 29일간	3. 4 (토) ~ 3. 7 (화)
2011	2. 18 (금) ~ 3. 8 (화): 19일간	3. 5 (토) ~ 3. 8 (화)

체가 온통 축제의 흥분으로 소용돌이치는 기간이다〈표4〉. '샤리바리' 란 '크게 떠들어대는 소란'을 뜻하고 '그랑'이란 크다는 뜻이다. 그러므로 '르 그랑 샤리바리'란 시끌벅적한 축제분위기를 잘 나타내주는 말이다. 이 기간에는 거리나 광장 이곳 저곳에서 음악가, 연기자, 가수와 공연단체들의 공연이 벌어지고, 시민들과 세계 각국에서 온 방문객들이 한데 어울려 흥분의 도가니에 빠진다.

축제의 마지막 날인 '참회의 화요일(Mardi Gras)' 밤에는 카니발 왕의 형상을 바다에 띄워 불태운다. 다음해에 새로운 왕으로 더욱 잘 태어나기를 바라면서…. 카니발 왕이 불에 타서 형체가 사라지는 순간 화려한 불꽃놀이가 밤하늘을 수놓으면, 온 도시를 열광의 도가니로 몰아 넣었던 카니발은 막을 내리게 된다. 그래도 아쉬움이 남는 젊은이들은 마세나 광장에서 벌어지는 테크노댄스에 참여하여 새벽까지 몸을 흔든다.

카니발의 무대는 거리와 광장

니스 카니발은 모든 이벤트가 거리와 광장에서 이루어지는 거리축제라는 특징을 가지고 있다. 꽃마차 퍼레이드는 니스에서 가장 아름다운 해변도로 '프롬나드 데 장글레'에서 벌어진다. 가장행렬은 니스 시의 중앙로에 해당하는 장 메드셍 거리에서 이루어지고, 빛의 행렬은 니스의 중심 광장인 마세나 광장에서 이루어진다. 그런데 행렬이 한 번 지나가고 그친다면 비싼 돈을 내고 입장한 사람들은 지불한 돈이 너무 아까운 기분이 들 것이다. 그래서 꽃마차 퍼레이드나 다른 퍼레이드의 경우에도 수십 개의 팀이 출연하여 같은 코스를 두세 바퀴 돌아서 1시간 30분~2시간에 걸쳐서 거리축제를 벌인다. 우리나라에서의 거리 퍼레이드는 대체로 행렬이 한 번 지나가면 끝이어서 아쉬울 때가 많은데, 배워야 할 사항이다.

■ 니스 관광 · 컨벤션 사무소가 카니발을 주관

니스 카니발은 1294년 이전부터 시작되었으므로 700년 이상의 역사를 가지고 있다. 그러나 현대와 같은 모습으로 태어난 것은 19세기 후반이다. 1873년에 축제위원회(comité des fêtes)가 구성되어 축제를 체계적으로 만들어가기 시작했다. 축제위원회는 카니발에 활력을 불어넣고 니스의 옛 영광을 되살리는 것을 임무로 삼았다.

니스카니발 담당자 엘렌 르나에르(Hélène Lenaerts)와의 인터뷰

1996년 이래 니스 카니발은 니스 관광 · 컨벤션사무소(l'office du tourisme et des congrés de Nice)에서 운영한다. 카니발을 실질적으로 운영하는 예술감독(le directeur artistique)은 파리 출신의 갓 베일(Gad Weil) 씨이다. 그는 1996년 이래 카니발에 주민과 관광객

빛의 행렬이 열리는 마세나 광장의 객석 넓은 마세나 광장의 네 면에는 계단식 관람석이 설치되고, 관람석 뒤로 대형 조명판이 세워진다.

이 더욱 많이 참여하여 즐길 수 있도록 노력해오고 있다.

우리는 일요일인 2월 27일 아침에 축제담당자와 인터뷰를 위해 사전 예약도 없이 프롬나드 데 장글레 5번지(5 promenade des Anglais)에 있는 관광·컨벤션사무소를 찾았다. 우리가 온 목적을 말하자 키가 175cm는 될 듯한 늘씬한 미인인 엘렌 르나에르(Hélène Lenaerts)라는 여성이 우리를 맞아 친절하게 설명해주었다.

■ 축제 형상물은 대를 이어오는 장인들이 제작

축제의 준비에서 가장 큰 일은 꽃마차 퍼레이드에 사용할 수레(요즈음은 대형자동차를 이용하여 만든다)와 꽃을 장식하는 일, 높이가 무려 12m나 되는 대형 조형물을 만드는 일, 메세나 광장의 조명을 설치하는 일 등이다. 이러한 준비에 약 6개월 이상이 걸린다. 이러한 일들은 대대로 이어오는

'카니발 장인(Carnavalier)'들에 의해 준비되어진다. 예를 들어 2000년 니스 카니발에서 마지막 이틀간의 퍼레이드를 기획한 애니 시드로(Annie Sidro) 여사는 할아버지, 아버지, 삼촌 등이 모두 이러한 직업에 종사해왔으며 사촌도 이러한 직업에 종사하고 있다. 이러한 장인은 단순히 돈벌이를 위한 직업이 아니라, 열정과 소명으로서의 직업이라고 할 수 있다.

오늘날은 현대적 기술로 축제행렬을 만들고 운반하지만 대형 형상물을 만드는 방법은 예나 지금이나 같다. 먼저 석고주형을 만들고 그 위에 여러 겹의 종이를 덧붙여서 두꺼운 판지를 만들고 이를 말려서 형상물을 만드는 것이다. 이러한 조형물을 만드는 니스 장인들의 노하우는 매우 정교하여 해외에도 수출되고 있다. 1998년도 프랑스에서 개최된 월드컵 개막식에 사용된 대형 형상물들도 대부분 니스 장인들에 의해 만들어졌다.

니스 카니발의 성공요인과 배울 점

첫째, 축제의 즐거움은 비일상성, 일탈성을 체험하고 맛보는 데 있다. 그러므로 축제기간 중에는 평소에 보지 못했던 것을 볼 수 있고, 평소에 하지 못했던 행동을 할 수 있도록 허용하고 체험할 수 있어야 성공적인 축제가 될 수 있다.

축제의 본질은 '일상생활의 단절'이다(장 뒤비뇨, 1998: 22). 변장을 하고, 가면을 쓰고, 익살스런 표정을 짓는 등 다양한 변형들 속에서 일상적인 삶의 무기력에서 우리를 일깨우고, 평소에 억눌렸던 감정을 발산하게 된다.

월드컵 기간 동안 거리응원에 참여하였던 사람들이 스스로 얼굴에 페

인팅을 하고, 히딩크 가면을 하고, 뿔
달린 모자를 쓰고, 태극기 패션의 옷을
만들어 입고 나온 것은 축제의 본질이
비일상성에 있음을 잘 보여주고 있다.
우리 국민들도 이제 월드컵 거리응원
을 통해 이벤트의 묘미를 조금이나마
체득하게 된 것이다.

카니발은 원래 중세의 기독교 문화
권에서 전통적인 비일상적 일탈을 허용하던 독특한 관습에서 출발하였다.
축제기간은 사순절 금욕기간 직전이다. 금욕을 앞두고 마지막으로 먹고
놀며 계급질서도 뒤집고, 지배층을 조롱하며, 평소에 억눌러졌던 욕망을
카니발을 통해 해방감을 맛보게 허용하는 시기인 것이다. 이 기간에는 통
치자를 조롱하고 평소의 사회질서와 규범에서 어느 정도 벗어나는 것이
허용되었다.

한편 사순절기간은 금식과 속죄를 함으로써, 카니발 기간 중에 위태롭
게 된 질서를 회복하는 기간, 즉 비정상적인 관계를 다시 정상으로 회복하
는 기간이다. 이 두 가지의 상반된 실체들, 즉 카니발과 사순절은 사람들
의 상상력에 있어서 드라마틱한 요소의 기본적 형태를 불러일으킨다.

가면(Mask)은 일상성에서 탈출할 수 있도록 도와주는 훌륭한 보조장치
이다. 가면으로 자신의 실체를 가리고 평소에 억눌렸던 자신의 감정을 자
연스럽게 표현할 수 있게 해주는 것이다.

우리나라에서는 축제를 통한 감정표출이나 카타르시스의 기회, 축제를
통해 잠시나마 현실을 뒤집는 기회가 부족하다. 그러므로 언제나 관객이
될 수밖에 없고 축제의 진정한 주인이 되는 체험을 하기 어려운 것이다.

하회 별신굿 탈놀이는 원래 조선시대에 지배층과 허위의식으로 가득 찬 양반층을 해학적으로 풍자하는 기능을 하였다. 또 별신굿 기간 동안만은 그러한 조롱을 허용함으로써 감정 정화의 기능을 훌륭히 수행하였다.

그러나 오늘날의 탈춤은 전통 탈춤만 반복하고 있어서 그러한 기능이 사라진 지 오래이다. 탈춤의 형태만 남아 관중들을 웃기기는 하지만, 통쾌한 풍자를 통해 비일상성을 체험하는 기능은 사라진 것이다. 오늘날은 왜 지금의 세태를 조롱하고 풍자하면서 카타르시스를 맛볼 수 있는 창작 탈춤을 제대로 도입하지 못하는가?

전통적인 탈춤은 그것을 탄생시킨 전근대사회 민중들에게는 분명히 현실적인 삶의 예술적 표현물일 수 있었지만 이제는 그 효력을 상실하였다. 동시대의 대중들은 동시대의 대중문화와 예술을 통하여 그들의 예술적 표현 욕구를 충족하고 있다. 따라서 탈춤의 원형보존만 고집해서는 죽은 연행이 되기 십상이며 성공한 축제를 통해 맛볼 수 있는 해방력과 역동성, 그리고 관광매력을 확보할 수 없다(한양명, 2002: 85).

방문객들에게 갯벌의 진흙에 뒹굴면서 해방감을 손쉽게 즐길 수 있게 함으로써 관광적 매력을 날로 높여가고 있는 '보령 머드 축제'에서도 시사 받는 점이 많다. 니스 카니발을 비롯한 세계 유명축제들을 보면서 느낀 점 가운데 가장 큰 공통점은, 축제를 통해 지역민들은 물론 방문객들에게까지 평소에 억눌렸던 감정을 발산하는 일탈과 감정 정화를 맛볼 수 있게 한다는 점이다.

둘째, 축제기간을 설정할 때는 휴가철이나 공휴일을 반드시 고려해야 한다. 휴가기간이나 공휴일이 아니라면 많은 외지인이 축제장을 방문하기란 사실상 불가능하기 때문이다.

니스 카니발이 개최되는 시기는 겨울방학기간이므로 많은 방문객이 몰

릴 수 있는 시기이다. 그 중에서도 축제의 메인 이벤트를 토, 일요일과 학교 수업이 없는 수요일에 집중적으로 배치하고 있다.

　우리나라의 경우에는 축제가 주로 5월과 10월에 집중적으로 몰려 있고, 오히려 휴가철인 여름에는 축제가 많지 않다. 물론 우리나라의 여름 날씨는 유럽과 달리 장마가 계속되거나 무더워서 축제를 개최하기가 쉽지 않다는 문제도 있다. 그러나 여름철이 최대 휴가철인데 이 시기를 놓칠 수는 없다. 해변이나 강변 또는 산간지역처럼 휴가객이 많이 몰리는 곳에서 지역의 특색을 살려 축제를 연다면 많은 방문객을 모을 수 있을 것이다. 이런 점에서 여름휴가철에 대천해수욕장에서 열리는 '보령 머드 축제'는 매우 좋은 발상이다.

　앞으로 우리나라도 주 5일제 근무가 보편화되면 몇 주에 걸쳐 토요일과

조형물 선박과 어린이
10세 전후의 어린아이들이 대형 수레 위에서 순수하고 밝은 모습으로 음악에 맞추어 춤을 추고 애교를 부리는 모습은 너무나 인상적이다.

일요일 등 연휴를 활용하여 메인 이벤트를 펼치는 축제도 구상해볼 필요가 있다. 아무리 좋은 계절이라도 휴가철이나 공휴일이 아니면 멀리 있는 외지인이 축제에 참여하기란 쉽지 않아서 결국 동네잔치가 될 가능성이 많기 때문이다.

셋째, 축제는 관공서나 높은 사람들을 위한 행사가 아니라는 점을 명심해야 한다. 니스 카니발의 개막은 그 해의 주제로 선정된 거대한 왕의 수레가 장 메드셍 대로에서 출발하여 마세나 광장(Place Masséna)에 도착하는 행렬을 벌이는 것으로 시작된다. 외국의 유명축제 개막식에서 도지사나 시장 또는 국회의원이 축사를 늘어놓거나 연설을 하는 경우는 찾아보기 어렵다.

이에 비해 우리나라의 경우는 축제 개막식에 시장이나 도지사, 국회의원들이 단상에 올라와 지루한 축사와 치사를 늘어놓는 것이 필수 코스처럼 되어 있다. 필자가 최근에 어느 시에서 열린 축제에 참석하여 보았더니, 개막식에서 축제추진위원장의 기념사와 시장, 지방○○청장, ○○ 회장, 국회의원 2명 등 모두 6명이 축사를 하였다. 여기에다 지역의 유지 수십 명을 소개하는 순서까지 포함해 무려 35분 동안 지루한 축사와 내빈소개가 이어졌다.

축제장에 온 사람들은 시장이나, 도지사 또는 국회의원의 연설을 들으려고 온 것도 아니고 지역유지들을 소개받기 위해 온 것도 아니다. 그런데 왜 이런 일이 벌어지는가? 축제방문객의 입장은 생각하지 않고 축제주최 측의 입장에서 축제를 기획하기 때문에 이런 일이 일어난다.

우리나라 대부분의 축제에서 가장 큰 문제점의 하나가 의례적인 공식행사의 수가 너무 많고, 축사나 내빈소개 등 인사치레에 너무나 치중한다는 점이다. 축제에 동원되는 공무원들은 내빈들의 좌석배정과 확보 등 축제의 본질과는 거리가 먼 문제들로 인해 시달리고 있는 모습을 자주 접하게 된다. 관 주도로 인한 태생적인 문제로 볼 때 쉽게 해결되기 어려운 문제이나 반드시 개선되어야 할 과제임에 틀림없다. 인사나 축사는 축제 팸플릿에 싣는 것으로 충분하다. 흥겨운 축제판으로 곧장 들어서는 니스 카니발 현장에서 다시 한 번 축제는 주민과 방문객들의 잔치이어야 한다는 것을 깊이 느꼈다.

넷째, 거리 퍼레이드의 경우 한 번 지나가고 끝나는 것이 아니라 두세 번 반복하여 퍼레이드를 하는 방안을 도입할 필요가 있다.

니스 카니발의 꽃마차 퍼레이드의 경우 같은 코스를 두세 번 돌아서 약 1시간 30분간 퍼레이드를 하였다. 이것은 준비한 측의 입장에서도 많은 공을 들여 준비하였는데 한 번만 지나가고 만다면 너무 섭섭하고, 관람객의 입장에서도 한 번 지나가는 것만으로는 입장료가 아깝기 때문이다.

따라서 같은 코스를 여러 차례 반복하여 충분한 시간 동안 볼 거리를 제공하는 것이다.

다섯째, 축제의 성공을 위해서는 상가와 시민의 참여가 매우 중요하다. 니스 시내에 들어서면 축제의 도시에 왔다는 느낌을 금방 받을 수 있게 된다. 거리나 광장의 각종 조형물은 물론이고, 특히 식당이나 상점마다 출입문에 니스 카니발의 포스터를 붙여 놓았다. 상가들도 자기 상점 주변에서 카니발이 벌어지므로 자기 상점의 매상이 올라가게 되고 따라서 축제에 적극적으로 참여하게 되는 것이다.

니스 카니발의 경우 가장행렬이나 빛의 행렬에 참여하는 수천 명의 사람들 중 대부분이 지역의 학생이나 회사원, 주민들이다. 꽃마차 퍼레이드에서도 꽃마차를 타고 꽃을 던져주는 미인들은 대부분 지역출신이다. 일반 시민들도 탈을 쓰고 가장행렬에 참가하고 종이꽃가루(Confetti)나 고체

스프레이(Bombe)를 뿌리면서 즐거운 시간을 보낸다.

　상가나 시민의 참여는 강제적으로 이루어질 수는 없다. 스스로 좋아서 하는 자발적인 참여만이 축제에 도움이 된다. 자발적인 참여가 이루어지도록 하는 원리는 간단하다. 업주는 장사에 도움이 되고, 주민들은 축제에 참여함으로써 즐거움을 느낄 수 있게 되면 참여하지 말라고 해도 참여하게 된다.

　상가에서 멀리 떨어진 강변 고수부지에서 개최하면 포장마차 업주에게만 이익을 줄 뿐인데 상점 주인들이 무슨 흥이 나서 자발적으로 참여하겠는가? 그러므로 상가나 시민들의 적극적 참여를 위해서는 가능한 한 거리축제를 활성화해야 한다.

　한국은 서양과 달라서 광장이 많지 않다. 유럽의 도시에는 곳곳에 광장이 있어서 광장에서 많은 행사가 벌어진다. 장기적으로는 우리도 문화인프라를 갖춘 다양하면서도 크고 작은 광장을 만들어야 한다.

　그러나 광장이 없다고 해서 방법이 없는 것은 아니다. 광장이 없을 경우 거리를 임시로 통제하고 축제를 벌일 수 있다. 파리의 샹젤리제 거리는 매년 8월 15일 해방기념일이 되면 거리를 막고 국가적인 행사가 벌어지는 곳이다. 니스 카니발에서도 꽃마차 퍼레이드시 해안 간선도로에서 행사를 벌인다. 축제가 벌어지는 몇 시간 동안만 교통통제를 하면 된다.

　한편 시민의 적극적인 참여를 유도하기 위해서는 주민들을 단순한 관객으로 전락시켜서는 안 된다. 주민이 참여하고 체험하여 즐거움과 보람을 느낄 수 있는 프로그램을 개발하려는 노력이 중요하다.

PLUS TIP

니스 카니발 홈페이지

http://www. nicecarnaval.com

REFERENCE

참고문헌

이희수(1999), 『이희수 교수의 세계여행』, 일빛.

M. 그랜트 · J. 헤이즐 공저, 김진욱 옮김(1993), 『그리스 · 로마 신화사전』, 범우사.

장 뒤비뇨 저, 유정아 역(1998), 『축제와 문명』, 한길사.

한양명(2002), "중심적 연행의 구조조정과 육성방안", 남치호(외), 『안동국제탈춤페
　　　　　스티벌 중장기 발전계획』, 안동대학교 안동지역사회개발연구소.

http://www.roidesodyssees.com

http://www.nicecarnaval.com

Nice Matin(2000), *Nice-Matin, L'heure du Carnaval 2000.*

Udotsi des Alpes-Martimes(2000), *Côte d'Azur en Fêtes, Janvier-Fêvrier-
Mars 2000.*

개미와 베짱이 _ 망똥 레몬 축제에서는 레몬과 오렌지를 이용하여 주제와 관련된 대형 조형물을 만들어 전시를 하거나 거리 퍼레이드를 벌인다.

3장 _ 레몬과 오렌지로 엮어내는 환상의 세계
망뚱 레몬 축제(la Fête du Citron)

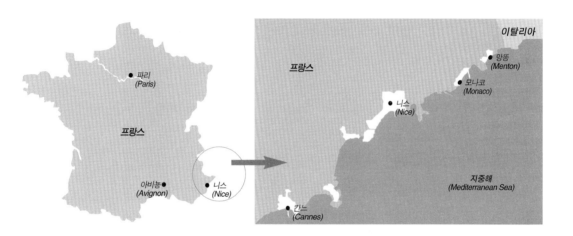

전설에 의하면 아주 먼 옛날 이브가 낙원에서 레몬을 하나 훔쳐 이곳 망뚱에 심었다고 한다. 망뚱의 레몬은 그 맛이 뛰어날 뿐만 아니라 저장능력이 탁월한 것으로 정평이 나있다. 매년 2월에 개최되는 망뚱 레몬 축제는 오렌지와 레몬으로 조형물을 만들어 전시하고 퍼레이드를 벌이는 세계적으로 독특한 농산물 축제이다. 인구 3만 명의 소도시에서 벌어지는 농산물 축제를 보기 위해 주민의 10배에 해당하는 30만 명이 이곳을 방문한다.

■ 이브, 낙원에서 레몬을 훔쳐 망똥에 심다

망똥(Menton)은 니스에서 동쪽으로 28km 거리에 있는 해안도시로 이탈리아와 국경을 접하고 있다.

니스에서 망똥으로 가기 위해서는 기차를 이용하는 방법도 있으나, 자동차로 가면서 중간 중간에 전망 좋은 곳에서 내려 경치를 감상하며 가는 것이 제격이다. 구불구불한 해안선을 따라 나있는 산 중턱의 도로를 따라 달리다 보면 전망 좋은 언덕과 바닷가에 그림처럼 자리잡고 있는 부호들의 별장지대가 눈에 들어온다.

니스를 출발하여 망똥 방향으로 20여 분 가다보면 길 아래 바다 쪽으로 카지노와 관광산업으로 유명한 모나코가 보인다. 도로 바로 아래에는 자동차경주로 유명한 몽테카를로 지역이 보이고 항구 너머로 언덕 위에 모나코 궁전이 그림처럼 앉아 있다. 이 나라의 정식명칭은 모나코 공국(Principality of Monaco)이다. 공국이란 왕국보다는 작은 나라로 통치자를 왕이 아닌 대공이라 부른다. 나라 전체의 면적은 1.95km²(약 59만 평)에 불과하고, 인구는 3만 2천 명이다.

다시 차를 달려 약 10분 정도 더 가면 망똥이 나온다. 망똥은 주위가 산으로 둘러싸여 있어 북쪽에서 불어오는 찬바람을 막아주고, 앞쪽은 지중해 바다를 바라보고 있다. 망똥은 이러한 자연적 조건으로 인해 예로부터 달콤한 오렌지와 강렬한 신맛을 내는 레몬의 산지로 유명하다. 이곳의 전설에 의하면 아주 먼 옛날 이브가 낙원에서 레몬을 하나 훔쳐 이곳에 심었다고 한다.

'레몬의 도시'로 유명한 망똥이지만, 점차 레몬과 오렌지의 생산 면적이 줄어들면서 이러한 명성이 쇠퇴하기도 하였다. 최근에 와서 망똥 시는

오렌지와 레몬으로 만든
대형 비둘기 조형물
조형물을 만드는 데는
디자이너, 정원사, 금속
작업가, 감귤류 작업농
가 등 300여 명 이상이
작업한다.

농민들에게 레몬과 오렌지나무, 그리고 작은 밀감나무 및 금귤나무를 다
시 심도록 지원하고 있어서 감귤류의 재배가 활성화되고 있다.

  망똥 지방에서 생산되는 레몬은 무엇보다 그 맛과 저장능력이 뛰어나
다. 우리는 축제장인 비오베 정원의 맞은편에 있는 카페에서 레몬즙을 한
잔씩 시켰다. 종업원은 레몬을 그대로 눌러 짜낸 원액을 한 컵 가져왔다.
너무 진한 신맛이어서 마시기 힘들었지만 오래도록 입 속에 남아있는 새
큼하고 상큼한 그 맛은 일품이었다.

  망똥의 유명한 인물로는 장 콕토(Jean Cocteau : 1889~1963)가 있다. 해
안에 있는 장 콕토 미술관(Musée Jean Cocteau)에는 시인이면서 예술에 남
다른 재질을 가졌던 장 콕토의 그림, 도예작품들이 전시되고 있다.

  망똥의 역사를 살펴보면 12세기에는 베네토 왕국의 제노아 가문에 속하

였다. 그러다가 14세기에는 모나코의 군주 그리말디(Charles Grimaldi)의 지배하에 있었다. 이때부터 망똥은 모나코 공국에 속하게 되는데, 1848년에 이르러 모나코 공국으로부터 탈퇴하고 사르디니아(Sarde)의 보호하에 자유시를 선언하게 된다.

1860년에 이르러서는 프랑스의 영토로 편입될 것을 선택하는데, 당시 모나코의 샤를르 3세는 그 시의 모든 권한을 나폴레옹 3세에게 이양한다. 이리하여 1861년 2월부터 공식적으로 프랑스의 영토에 편입된다.

■ 망똥 레몬 축제의 탄생 과정

망똥은 '레몬의 도시'이다. 동시에 레몬은 망똥의 '심벌'이다. 따라서 망똥의 엠블럼이나 그래픽, 그리고 모든 공식 서류에는 레몬이 들어간다.

망똥에서 개최되는 레몬 축제는 세계적으로 잘 알려져 있고 매년 세계 각국의 언론으로부터 많은 관심을 끈다. 망똥 레몬 축제는 1930년대부터 시작되어서 2016년도에는 제83회 축제가 개최되었다.

그런데 사실 축제는 훨씬 이전부터 있었다. 1895년에 호텔업주들이 비수기인 겨울철에 관광을 활성화시키기 위해서 카니발 퍼레이드를 벌이자고 시 당국에 제의하였다. 이리하여 1896년부터 망똥 카니발이 개최되어 지역주민과 부유한 피한객들을 불러들였다. 당시 망똥은 따뜻한 기후로 인하여 1880년대 이래 겨울 휴양지로서 인기를 끌어왔다. 왕과 왕자, 예술가들이 망똥을 찾아왔고, 호화로운 빌라들이 건축되었다. 이 당시의 망똥 카니발은 모든 면에서 니스 카니발과 유사한 형태로 진행되고 있어서 특색이 없었다.

1929년에, 아직도 망똥이 유럽대륙 제1의 레몬 주산지로서의 위치를 유지하고 있을 때, 한 호텔업자가 리비에라 호텔(Hôtel Riviera)의 정원에서 꽃과 감귤류를 이용한 전시회를 열면 좋겠다는 아이디어가 떠올라 실행에 옮겼다. 전시회는 많은 호응을 얻어, 다음 해에도 계속해서 이어졌다. 드디어 축제는 거리로 나오게 된다. 작은 오렌지와 감귤나무를 심은 수레가 망똥 사람들과 함께 거리를 행진하였다.

이렇게 되자 망똥 시 당국에서는 이것을 관광상품으로 개발하는 것이 좋겠다고 판단하였다. 그래서 기존의 카니발에 지역의 독특한 색깔을 부여하는 방안을 연구하게 되었다. 이리하여 1934년에 망똥 레몬 축제가 탄생하게 되었고, 2년 뒤부터는 비오베 정원에서 감귤류와 꽃으로 장식한 전시회가 처음으로 개최되었다. 한 호텔업자의 아이디어가 망똥 축제를

비오베 정원의 조형물 전시 망똥 레몬축제에서는 주로 동화에 나오는 이야기를 주제로 레몬과 오렌지를 이용하여 조형물을 만들어 전시한다. 사진은 2000년도 축제의 주제인 '라퐁텐느 우화'에 나오는 형상물을 전시하고 있는 장면이다.

오늘날처럼 유명하고 독특하게 만든 계기가 되었던 것이다.

■ 니스 카니발과 같은 시기에 개최

망똥 레몬 축제는 매년 2월에 개최된다. 망똥 레몬 축제는 니스 카니발과 거의 같은 시기에 개최한다. 따라서 니스 카니발을 구경 온 사람들 중 많은 사람들이 자동차로 불과 30분 거리에 있는 망똥을 찾게 된다.

〈표1〉 망똥 레몬 축제의 개최시기

연도	개최시기	기간
2000(67회)	2. 11(금) ~ 2. 27(일)	17일간
2012(79회)	2. 17(목) ~ 3. 7(월)	18일간
2016(83회)	2. 13(토) ~ 3. 2(수)	19일간

■ 독특하고 친밀한 주제를 설정

망똥 레몬 축제는 프랑스의 코뜨다쥐르 해안에서는 니스 카니발 다음으로 큰 축제이고, 레몬 축제로서는 세계에서 가장 큰 축제에 속한다. 축제 기간 중 방문객 수는 약 30만 명에 달하며, 축제방문객 수는 지속적으로 증가하고 있다.

망똥 레몬 축제가 성공을 거두고 유명하게 된 데에는 우선 일반적인 농산물 축제에서는 찾아보기 힘든 훌륭하고 재미있는 주제를 선택하는 데

그 비결이 있다. 그 주제들은 사람들에게 잘 알려져 있고, 특히 어린이들이 좋아하는 재미있는 동화나 세계 각국의 문화들을 주제로 설정하고 이를 시각화하고 있다〈표2〉.

비오베 정원의 전시물과 관객 싱싱한 레몬과 오렌지로 만들어진 재미난 전시물들은 정원 화단의 푸른 나무와 잔디, 아름다운 꽃들과 절묘한 조화를 이룬다.

〈표2〉 망뚱 레몬 축제의 주제

연도	주 제
2000년	라퐁텐느 우화(les Fables de la Fontaine)
2001년	페로 동화(les contes de Perrault)
2002년	피노키오(Pinocchio)
2012년	프랑스 각 지역의 초대
2016년	이탈리아 영화(cinecittà)

■ 오렌지와 레몬으로 초대형 조형물 제작

망똥 레몬 축제는 세계에서 유례가 없는 독특한 축제이다. 퍼레이드 행렬은 기본적으로 카니발의 전통에서 가져왔지만, 망똥 레몬 축제만의 독특한 점은 오렌지와 레몬만을 이용하여 대형 전시구조물을 만들고 퍼레이드 행렬을 만든다는 점이다.

축제가 계속되는 3주 동안 시 중심에 있는 비오베 정원(Les jardins Biovès)에서는 레몬과 오렌지로 만든 10여 개의 거대한 조형물이 매년 새로운 이야기를 엮어낸다.

2000년도 망똥 레몬 축제에서는 주제가 '라퐁텐느 우화'였다. 따라서 라퐁텐느 우화에 나오는 토끼와 거북이, 개미와 베짱이, 여우와 황새 이야기 등을 레몬과 오렌지를 이용하여 구조물로 만들어 전시하였다. 싱싱한 레몬과 오렌지로 만들어진 재미난 전시물들은 정원 화단의 푸른 나무와 잔디, 그리고 아름다운 꽃들과 절묘한 조화를 이루며 보는 이들로 하여금 탄성을 자아내게 한다.

2001년도의 경우 '신데렐라', '잠자는 숲 속의 공주', '장화 신은 고양이' 등으로 유명한 17세기 프랑스의 시인이자 동화작가인 샤를르 페로(Charles Ferrault)의 동화를 주제로 하여 레몬 축제를 개최하였다. 이처럼 망똥 레몬 축제에서는 여러 사람에게 잘 알려져 있고 어린이가 좋아하는 동화에서 주제를 선택하고 있다.

■ 비오베 정원의 레몬, 오렌지 조형물

　망똥 레몬 축제는 '망똥 관광사무소(Office du Tourisme)'가 주관한다.

　축제의 주제가 정해지면 감귤류 재배농가, 정원사, 디자이너, 금속 작업가 등 300명 이상의 인원이 작업에 관여한다. 여러 팀들이 작업에 들어가고 디자인이 시작된다.

　먼저 디자이너에 의해 구조물의 모형이 디자인된다. 다음으로는 모

레몬 조형물과 거리 퍼레이드 관람객　퍼레이드 행렬은 기본적으로 카니발의 전통에서 가져왔지만, 망똥 레몬 축제만의 독특한 점은 오렌지와 레몬을 이용하여 대형 구조물을 만들고 퍼레이드를 벌인다는 점이다.

형의 바탕을 이루는 철제구조물을 만들기 위한 작업이 금속장인에게 의뢰된다. 보시뇨르 올리베타(Bonsignore Olivetta)라는 사람은 이 방면에 최고의 노하우를 가지고 있는 금속장인이다. 그는 이 작업을 십수 년째 해오고 있다. 철제구조물을 만드는 데에는 상당히 어려운 문제들이 있다. 우선 3~4톤이나 되는 과일의 무게를 충분히 견딜 정도로 튼튼해야 할 뿐만 아니라 동시에 자연스런 형상을 만들 수 있도록 유연성을 갖춰야 하기 때문이다. 이를 위해 철제구조물의 재료는 연강(acier doux)을 사용한다. 이 작업에는 3~4명의 직원들이 5개월 정도 작업을 한다.

　2월에 개최되는 축제를 위해 전년도 12월부터 시의 기술국에서는 소방서의 도움을 받아 관람석을 만든다. 또 축제의 전시장인 비오베 정원의 두 구역을 연결하는 구름다리를 건설한다. 평소 비오베 정원은 도로에 의해 두 부분으로 분리되어 있는데, 구름다리를 통해 한 번 입장으로 공원의 두

고무밴드를 이용하여 오렌지를 데코레이션한 모습
장식에는 130톤에 달하는 오렌지와 레몬, 500만 개의 고무밴드가 소요된다. 축제가 계속되는 3주 동안 시 중심에 있는 비오베 정원에서는 레몬과 오렌지로 만든 10여개의 거대한 조형물이 매년 새로운 이야기를 엮어 낸다.

구역에 전시되어 있는 조형물을 다 볼 수 있도록 하기 위해서이다.

철구조물이 완성되면 공원국에서는 귤과 레몬을 이용하여 데코레이션을 한다. 데코레이션을 하는 방법은 고무밴드를 이용하여 레몬과 오렌지를 구조물에 묶는다. 장식에는 145톤에 달하는 오렌지와 레몬, 그리고 50만 개의 고무밴드가 들어간다고 한다. 장식에 소요되는 오렌지와 레몬은 오늘날 대부분을 스페인에서 수입해오고 있다.

그리고 축제기간 동안 망가지거나 상하게 되는 과일들은 수시로 교체해 준다. 축제가 끝나고 나면 전시되었던 과일들 중 비교적 상태가 좋은 과일은 팔레 드 유럽(Palais de l' Europe) 건물 앞에서 저렴한 가격에 팔린다. 나머지 대부분은 잼이나 시럽 등 가공식품을 만드는 곳으로 헐값에 팔려 나간다.

■ '태양의 산책로'에서 펼치는 '금빛 과일행렬'

페스티벌의 하이라이트는 '금빛 과일행렬(Les Corsos des fruits d'Or)'이라 불리는 퍼레이드이다. 오렌지와 레몬으로 장식한 10여 대의 장식수레에 아름다운 젊은 여성들이 타고 바닷가의 '태양의 산책로(Promenade du soleil)'라 불리는 도로를 따라 행진한다. 이 퍼레이드는 축제기간 중 세 번 있는 일요일마다 오후 2시에 벌어진다.

　장식수레는 레몬과 오렌지를 고무줄로 엮어서 각종 형상의 조형물을 만들고 트럭에 싣고 행진한다. 장식수레 사이사이에는 니스에서와 같이 독특한 의상을 입은 민속무용단이나 학생들, 그리고 마칭밴드가 춤을 추거나 음악을 연주하며 흥겨운 분위기를 연출한다. 행사방식은 니스 카니발과 비슷하나 꽃마차가 아닌 오렌지와 레몬으로 만든 조형물이라는 점에서 차이가 난다.

　금빛 과일행렬은 우리의 길놀이처럼 한 번 지나가고 마치는 것이 아니라 수십 개의 팀이 출연하여 같은 코스를 두세 번 돌아서 약 2시간 30분에 걸

거리 퍼레이드의 흥을 돋우는 민속악대　장식수레 사이사이에는 독특한 의상을 입은 민속무용단이나 학생들과 악대가 춤을 추거나 음악을 연주하며 흥겨운 분위기를 연출한다

망똥 레몬 축제장 주변지도　화살표(➡)는 퍼레이드코스

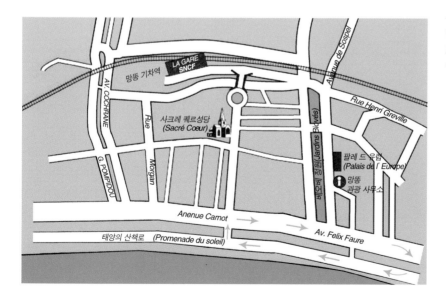

금빛 과일행렬에 참가한 어린이들 오렌지와 레몬으로 장식한 거대한 수레 위에 탄 어린이들의 미소가 너무나 밝고 귀엽다.

쳐 거리축제를 벌인다. 퍼레이드는 해안의 간선 도로에서 이루어지는데 거리축제 한두 시간 전부터 교통을 차단하고 울타리를 쳐서 입장료를 받는다. 도로 양쪽에는 임시로 계단식 관람석을 만들어 거리축제를 잘 볼 수 있게 만든다. 계단식 관람석을 만들 수 없는 곳에서는 서서 보게 되는데, 입장료는 좌석가격의 40% 정도이다.

축제기간 중 화요일 밤마다 해안도로에서 열리는 야간 퍼레이드(Corsos Nocturnes)도 볼 만한 구경거리이다. 이와 함께 불꽃놀이가 하늘을 수놓으면 행사는 절정에 이르게 된다. 이외에도 방문객들은 비오베 정원과 붙어 있는 장대한 건축물인 '팔레 드 유럽(Palais de l'Europe)'에서 화려하게 개최되는 난초전시회를 구경할 수 있다. 축제개막 행사로는 망똥 어린이들이 환상적인 의상을 입고 나와 어린이 카니발을 개최한다.

■ 거리 퍼레이드에도 입장료 받아

망똥 레몬 축제의 경우 조형물 전시회의 입장료는 2016년 10유로 (13,100원)이었다. 평소에는 자유롭게 출입하던 공원 둘레에 울타리를 치고 입장료를 받았다. 그러나 안에 있는 조형물의 다양함과 독특함에 비한다면 입장료는 싼 편이라고 말할 수 있다.

거리 퍼레이드의 경우에도 입장료를 징수하였는데 그 방법은 거리 퍼레

〈표3〉 2016년 망똥 레몬 축제 입장료

		개인	단체	할인요금
거리 퍼레이드	좌석	25	20	10
	입석	10	9	6
조형물 전시회		10	9	6
패키지 1		30	25	15
패키지 2		17	15	10

(단위 : 유로)

*2016년 1월 말 현재 1유로는 약 1,310원임

1) 패키지1 = 좌석 + 조형물 전시회

2) 패키지2 = 입석 + 조형물 전시회

3) 단체 : 20명 이상

4) 할인요금 : 6세 이상 14세 이하 및 망똥 지역 주민

자료 : http : // menton.com / menton / citronu.htm

금빛 과일행렬을 보기위해 운집한 관광객들
독특한 레몬축제 덕분에 망똥이라는 조그마한 시골 도시의 이름이 전 세계에 알려지게 되고, 세계 각국에서 수많은 관광객이 찾아 오고 있다.

이드가 벌어지는 공간을 이동식 철제 울타리 등으로 막고 퍼레이드가 지나가는 거리의 한쪽 또는 양쪽에 계단식 임시관람석을 설치하였다.

2016년도 입장료는 지정좌석에 앉아서 관람할 경우 25유로(33,000원), 서서 볼 경우 10유로(13,100원)이었다.

축제가 가져온 뜻밖의 수확

망똥 레몬 축제가 망똥 시에 미치는 경제적 효과는 매우 높이 평가되고 있다. 동시에 축제로 인하여 망똥이 유명하게 되는 뜻밖의 수확을 가져왔다. 독특한 축제 덕분에 망똥이라는 조그마한 시골 도시의 이름이 전 세계에 알려지게 되었다.

망똥 레몬 축제가 성공하게 된 것은 축제의 방법에 관한 훌륭한 아이디어, 지역의 특산물, 그리고 상징성 이 세 가지가 조화를 잘 이루었기 때문이다. 레몬(Le Citron)이란 말을 들을 때 노란 색깔의 이미지, 상큼한 미각적 느낌, 토지와 생태적 관념, 지중해 정원의 향내 등이 동시에 연상된다.

망똥 레몬 축제의 경제적 효과만 하더라도 매우 크다. 우선 입장료 수입 등으로 축제를 운영하고도 남는다. 축제가 지역 경제에 미치는 직접적 효과는 약 2천만 유로(260억 원)에 달한다. 뿐만 아니라 축제를 통하여 지역의 관광관련 업자들, 예를 들어 호텔 운영자, 식당 주인, 상인들도 많은 수입을 올리게 된다.

망똥 레몬 축제의 성공요인과 배울 점

  첫째, 축제방문객의 흥미와 관심을 끌 수 있는 독특한 컨셉(Concept)과 기발한 아이디어 개발이 중요하다. 망똥 레몬 축제가 유명하게 된 이유는 레몬의 주산지라는 지역적 특성을 살려 레몬과 오렌지를 이용한 독특하고 화려한 볼거리를 창출해 내는 데 있다. 우리의 농산물 축제에 가보면 대부분 상자에 넣어서 진열해 놓는다. 예컨대 사과 축제의 경우 사과를 사과상자에 넣어두고 맛을 보여주며 사라고 권한다. 또한 천편일률적인 판매부스나 포장마차와 식당 등으로 구성되어 있어서 흥미를 끌 만한 볼거리가 많지 않다. 그런데 그들은 과일을 이용하여 비싼 입장료를 내고 보아도 아깝지 않은 아름다운 예술작품을 만들어 보여준다.

레몬과 미모사 꽃을 파는 소녀 전시장 입구 길가에서 한 소녀가 레몬과 미모사 꽃을 팔고 있다. 망똥 레몬축제는 레몬 판매가 목적이 아니라, 레몬을 이용하여 지역의 이미지를 팔고 관광객을 끌어들이는 데 있다.

망똥 레몬 축제의 이러한 컨셉과 아이디어는 그저 나온 것이 아니다. 망똥에서도 이전에는 니스 카니발과 비슷한 축제를 개최하였다. 그런데 한 호텔업자의 '꽃과 레몬을 이용한 전시회'가 인기를 끌자 이에 착안하여 망똥 시가 지역의 특산물인 레몬을 소재로 몇 년간의 연구 끝에 탄생시킨 것이다.

축제는 독창적 아이디어가 생명이다. 그러나 그 아이디어는 실현 가능성과 성공 가능성이 면밀히 검토되고 철저한 준비과정을 거친 뒤에야 성공할 수 있다. 특히 신설 축제일수록 장기계획이 중요하다(조선일보, 1999. 9. 29.). 축제를 어느 방향으로 가지고 갈 것인가 하는 큰 그림을 그리고, 이에 따라 매회 실시·보완해가는 전략이 있어야 한다. 임시방편으로 해마다 프로그램을 첨삭하는 것은 축제 자체의 독특성과 차별성을 가질 수 없고 결국 실패를 자초하게 된다(김한주, 2001: 32). 상품성을 지닌 산업축제가 탄생하기 위해서는 그 지역의 인프라와 주민의 특성 및 특산물에 대한 철저한 이해가 바탕이 되어야 한다(정경훈, 2001: 67).

컨셉도 없고 차별성도 없는 특산물 축제는 이제 지양되어야 한다. 이러한 축제로는 지역경제에 보탬이 되기는커녕 지역주민들의 화합조차 기대하기 어렵다.

둘째, 망똥 레몬 축제가 성공을 거두고 유명하게 된 데에는 훌륭하고 재미있는 주제를 선택하는 데 그 비결이 있다. 주제들은 추상적인 내용이 아니고, 사람들에게 잘 알려져 있고 특히 어린이들이 좋아하는 재미있는 동화들을 주제로 설정하고 이를 시각화하고 있다.

이에 비하여 우리나라의 농산물 축제를 비롯한 산업 축제들은 주제가 없는 경우가 대부분이다. 인삼 축제의 경우 그냥 인삼모형을 크게 만들어 전시하고, 사과 축제나 송이 축제의 경우에도 마찬가지이다. 주제를 정하더라도 '새 천년과의 대화'니 '자연과 인간'이나 '새 천년의 미소'와 같은 너무나도 추상적인 주제를 택함으로써 방문객들에게 피부로 느낄 수 있는 주제가 되지 못하고 주제를 위한 주제가 되어 버리는 경우가 많다.

그러므로 특산물을 이용하여, 우리에게 잘 알려져 있고 그 축제와 어울리는 이야기를 주제로 볼 거리를 만드는 방법을 찾아야 할 것이다. 예컨대 인삼축제에서 심마니가 꿈에 나타난 산신령이 계시하는 곳으로 갔더니 100년 묵은 산삼을 얻었다든가, 병든 노모를 위해 자식을 바치려고 했는데 인삼을 얻었다든가 하는 이야기를 형상화한다면 더욱 재미있는 축제가 될 것이다.

셋째, 산업 축제에서 그 상품이 가지는 상징성을 활용하는 방안을 모색해야 한다. 망똥 레몬 축제의 목적은 레몬 판매에 있는 것이 아니다. 망똥 레몬 축제에서 레몬을 파는 공식적인 판매 부스는 단 한 곳도 없다는 것이 이를 증명하고 있다. 단지 몇몇 어린 소녀들이 길가에서 소규모로 관광객들에게 레몬과 이 시기에 피는 미모사 꽃을 팔고 있을 뿐이었다.

그렇다면 망똥 레몬 축제의 목적은 무엇인가? 그것은 레몬의 색깔과 맛과 향기와 이미지가 가지는 상징성을 스토리와 결합시켜 시각화하고 이를 통해 관광객을 불러들이는 데 있다. 다시 말해서 망똥 레몬 축제의 목적은 레몬 판매가 아니라, 레몬을 이용하여 지역의 이미지를 팔고 관광객을 끌어들이는 데 있는 것이다.

사실 현대와 같은 전자상거래나 홈쇼핑이 발달한 시대에는 축제 현장에서 상품을 몇 박스 더 파는 것은 큰 의미가 없다. 보다 중요한 것은 이미지를 활용하여 상품의 인지도를 높이고 관광객을 불러들이는 것이다.

우리나라에서도 고추 축제, 마늘 축제, 사과 축제, 포도 축제, 인삼 축제, 딸기 축제 등 수많은 농산물 축제가 열린다. 그러나 고추 아가씨, 포도 아가씨나 선발하고 대중가수를 불러 레이저 빔을 쏘아 가면서 노래잔치나 하고, 축제장은 온통 야바위꾼과 포장마차가 점령하는 식의 축제로는 더 이상 관광객을 불러들일 수 없다.

이제 우리나라의 특산물 축제도 과연 어떻게 하는 것이 해당상품의 이미지를 제고하고 관광객을 불러들이는 데 효과적인 방법인가를 심각하게 고민해야 할 때이다. 그런 점에서 망똥 레몬 축제는 우리에게 많은 것을 시사해 주고 있다.

넷째, 이웃 지역에서 개최되는 축제와 연계전략 및 공동 마케팅 전략도 적극 검토해볼 필요가 있다. 이미 앞에서 설명한 바와 같이 망똥 레몬 축제는 세계적인 관광 · 휴양 도시인 니스에서 개최되는 카니발과 거의 같은 시기에 개최함으로써 더욱 많은 관광객을 확보하고 있다.

물론 인접 지역과 같은 시기에 축제를 개최할 경우 방문객들을 분산시키는 부정적인 효과도 우려된다. 따라서 지역간의 윈-윈(win-win) 전략을 위해서는 반드시 역할분담을 통한 축제의 특성화와 국내외 홍보 등에서 공동 마케팅 전략이 필요하다. 예를 들어 경북 북부지역의 안동, 영주, 봉화에서는 거의 같은 시기에 축제가 열리고 있다. 안동에서는 탈춤 축제가, 영주에서는 인삼 축제가, 그리고 봉화에서는 송이 축제가 열린다. 따라서 세 지역의 축제가 함께 살기 위해서는 안동·영주·봉화 간 공동 마케팅으로 축제의 트라이앵글을 구축할 필요가 있다. 실제로 이들 지역에서는 국내외 축제홍보, 관광루트 개발 등을 위해 공동 마케팅을 추진한 바 있다. 이웃 일본, 중국 등을 해외 목표시장으로 설정하여 '탈춤-인삼-송이'라는 세 가지 소재를 패키지 상품으로 한데 묶어 개발할 경우 세 지역 모두 축제 경쟁력이 높아질 것으로 기대된다.

보다 적극적인 지역축제 간의 연계체제를 구축하려면 축제 기획, 실행 및 평가에 이르는 전 과정을 함께 논의하고 마케팅 전략을 협의하는 지역 축제 협의체가 결성·운영되어야 할 것이다.

PLUS TIP

망똥 레몬 축제 홈페이지

http://www.feteducitron.com

REFERENCE

참고문헌

김한주(2001), "부산 축제 실패하지 않으려면…", 『문화도시 문화복지』 제107호
        (2001.7.15), 한국문화정책개발원.
2016년 망똥 레몬 축제 프로그램.
http://www.feteducitron.com
http://villedementon.com
http://www.yeozawa.com/travel/theme-travel

에딘버러 군악대 축제 _ 아름다운 에딘버러 성의 조명을 배경으로 독특한 군악대와 의식, 엔터테인먼트를 펼친다.
(사진: The Pitkin Guide, 『City of Edinburgh』, p.28)

4장 _ '유럽의 꽃'
에딘버러의 군악대 축제와 프린지 축제
(Edinburgh Military Tattoo & Festival Fringe)

영국 스코틀랜드의 에딘버러 시는 '축제의 왕국'이다. 군악대 축제, 프린지 축제, 국제 축제, 재즈 블루스 축제, 영화 축제, 어린이 축제, 책 축제, 과학 축제, 새해맞이 축제 등 온갖 축제가 일년 내내 열리기 때문이다. 특히 8월에는 군악대 축제, 프린지 축제, 국제 축제 등 세계적으로 유명한 축제가 거의 같은 시기에 개최된다. 에딘버러 군악대 축제는 아름다운 에딘버러 성의 조명을 배경으로 독특한 음악과 의식, 엔터테인먼트가 벌어지는 세계 최대의 군악대 축제이다. 한편 에딘버러 프린지 축제는 오늘날 지구상에서 가장 큰 예술견본 시장이다. 프린지 축제에서 좋은 평판을 받으면 세계 시장에 진출하는 것은 시간문제이다.

■ 에딘버러 가는 길

영국(The United Kingdom)은 크게 나누어 런던을 중심으로 한 남동부의 잉글랜드(England), 서남부의 웨일즈(Wales), 북부의 스코틀랜드(Scotland) 그리고 북아일랜드(Northern Ireland)의 네 지역으로 구성되어 있다. 이들 각 지역은 영국이라는 한 국가에 속하지만 상당한 독립성을 유지하고 있다. 스코틀랜드는 월드컵에 독자적으로 참가할 뿐만 아니라, 화폐도 런던과는 달리 스코틀랜드 은행에서 발행한 화폐를 사용한다(이태훈, 2002: 32). 우리는 스코틀랜드에서 받은 지폐를 나중에 런던의 상점에서 제시하였더니 점원이 처음 보는 화폐라며 받지 않으려고 하였다.

에딘버러(Edinburgh)는 스코틀랜드 지방의 행정·문화의 중심지로서 옛 스코틀랜드 왕국의 수도이다. 인구는 45만 명으로 스코틀랜드에서 글래스

에딘버러의 시가지
에딘버러는 스코틀랜드 지방의 행정·문화의 중심지로서 옛 스코틀랜드 왕국의 수도이다. 많은 역사적 건축물과 함께 아름다운 경관을 지닌 도시로 '근대의 아테네'로 불린다.

고우(61만 명) 다음으로 큰 도시이다. 많은 역사적 건축물과 함께 아름다운 경관을 지닌 도시로 '근대의 아테네'라고 불린다. 런던에서 북쪽으로 645km 떨어져 있다. 런던에서 에딘버러까지 버스로는 8시간, 기차로는 4시간 30분, 비행기로는 1시간 15분이 걸린다. 영국의 동부지역을 따라 올라가면서 에딘버러에 이르는 경치를 감상하려면 기차여행이 제격이다.

우리는 런던의 킹스크로스(Kingscross) 역에서 기차를 타고 에딘버러로 향하였다. 에딘버러로 가는 동안, 차창 밖으로 보이는 고색 창연한 도시 요크(York)를 거쳐 넓은 들판과 초원지대를 지나서 짙푸른 북해 바다를 바라보며 에딘버러에 도착하였다.

에딘버러(Edinburgh)라는 지명은 원래 옛날 노스움브리아(Northumbria)의 왕이었던 에드윈(Edwin)의 이름에서 유래되었다. 에드윈의 성읍(Edwin + Burgh)이라는 뜻에서 에딘버러라는 이름이 생겨났다.

에딘버러의 날씨는 변덕스럽고 우중충하기로 악명이 높다. 북쪽 지방에 위치해 있어서 여름철에도 기온이 낮은 편이다. 더구나 안개가 끼고 부슬비라도 내리면 영락없는 늦가을 분위기이다. 호텔에 짐을 푸는 둥 마는 둥 하고는 점퍼를 꺼내 입고 서둘러 에딘버러 성으로 향하였다. 밤 9시에 군악대 축제가 시작되기 때문이다.

■ 축제 전략으로 연간 1천 2백만 명 관광객 유치

인구 45만 명에 불과한 에딘버러 시는 축제 전략으로 연간 1천 2백만 명의 관광객을 유치하면서 지역경제 활성화는 물론 '유럽의 꽃'으로 불리는 도시이다.

에딘버러에서는 연간 수많은 축제와 이벤트가 벌어진다. 아래 〈표1〉은 2012년도 에딘버러의 주요 축제일정이다. 특히 8월에는 네 종류의 축제가 거의 비슷한 시기에 벌어진다. 이 중 국제축제, 프린지 축제와 군악대 축제는 세계적으로 유명하다.

에딘버러 군악대 축제 스코틀랜드 군악대뿐만 아니라 세계각국에서 참가한다. 다양한 색깔과 절도있는 움직임, 백파이프 소리와 북소리 등이 에딘버러 성을 비추는 은은한 불빛과 함께 절묘한 조화를 이룬다.

〈표1〉 에딘버러의 2016년 축제일정

축제명	개최시기	기간
에딘버러 국제과학 축제 (Edinburgh International Science Festival)	3. 26(토) ~ 4. 10(일)	16일간
상상 축제 (Imaginate Festival)	5. 28(토) ~ 6. 5(일)	9일간
에딘버러 국제영화 축제 (Edinburgh International Film Festival)	6. 15(수) ~ 6. 26(일)	12일간
에딘버러 국제재즈/블루스 축제 (Edinburgh International Jazz & Blues Festival)	7. 15(금) ~ 7. 24(일)	10일간
에딘버러 군악대 축제 (The Edinburgh Military Tattoo)	8. 5(금) ~ 8. 27(토)	23일간
에딘버러 프린지 축제 (Edinburgh Festival Fringe)	8. 5(금) ~ 8. 29(월)	25일간
에딘버러 국제 축제 (Edinburgh International Festival)	8. 5(목) ~ 8. 29(월)	25일간
스코틀랜드 국제 스토리텔링 축제 (Scottish International Storytelling Festival)	10. 21(금) ~ 10. 30(일)	10일간
새해맞이 축제 (Edinburgh's Hogmanay)	12. 29(금) ~ 1. 1(일)	3일간

자료 : http://www.edinburghfestivals.co.uk

에딘버러 군악대 축제
(Edinburgh Military Tattoo)

　에딘버러 군악대 축제는 에딘버러 시내의 언덕 위(해발고도 140m)에 자리잡고 있는 유명한 에딘버러 성을 배경으로 펼쳐진다. 이곳은 화산활동으로 솟아오른 산 위에 지은 성으로서 연간 방문객이 100만 명이 넘는 에딘버러의 관광명소이다.

군악대 축제가 열리는 에딘버러 성 입구 에딘버러 성은 화산활동으로 솟아오른 산위에 지은 성으로 에딘버러의 관광명소이다. 평소에는 관광버스 주차장으로 이용되는 성 입구의 공간(esplanade)에서 군악대축제가 열린다.

■ 세계 최대의 군악대 축제

군악대 축제는 1950년에 에딘버러 국제 축제 때 처음으로 스코틀랜드 군악대가 참여함으로써 시작되었다. 오늘날 에딘버러 군악대 축제는 아름다운 에딘버러 성의 조명을 배경으로 독특한 음악과 의식, 엔터테인먼트가 벌어진다. 군악대 축제

에딘버러 성 야간 조명
낡은 에딘버러 성이 밤이 되면 조명을 받아 환상적인 모습으로 다시 태어난다.(사진:Edinburgh Military Tattoo 1999, 표지)

의 입장객은 매년 20만 명에 달한다. 이들의 70%는 스코틀랜드 이외의 지역에서 온 사람들이다. 또한 전체 입장객의 35%는 해외에서 온 방문객들이다. 또한 전 세계에서 약 1억 명의 시청자가 TV로 군악대 축제를 본다고 한다.

군악대 축제가 미치는 파급효과도 엄청나다. 가장 최근의 공식조사에 의하면 군악대 축제가 스코틀랜드 지역경제에 미치는 효과는 연간 8천 8백만 파운드(1,500억 원)에 달한다고 한다.

■ 타투(tattoo)의 유래

에딘버러 군악대 축제의 정식명칭은 '에딘버러 밀리터리 타투'(Edinburgh Military Tattoo)이다. '타투'라는 말은 17세기에서 18세기에 걸쳐 네덜란드 등 베네룩스 국가에서 선술집 주인(innkeeper)들이 외치는 소

<表2> 에딘버러 군악대 축제의 개최시기

연도	개최시기	기간
2000	8. 4 (금) ~ 8. 26 (토)	23일간
2002	8. 2 (금) ~ 8. 24 (토)	23일간
2012	8. 3 (금) ~ 8. 25 (토)	23일간
2016	8. 5 (금) ~ 8. 27 (토)	23일간

리에서 유래하였다고 한다. 문 닫을 시간이 되면 지방부대의 고적대가 시가를 행진하였는데, 행진음악은 숙소로 돌아갈 때가 되었음을 알리는 신호였다. 고적대의 음악이 울리면 술집 주인은 'Doe den tap toe' (술병 마개를 닫으세요!)하고 외쳤다(http://www. edinburghtattoo. co. uk/the_tattoo. html).

아마도 당시 네덜란드 등에서 술집의 영업시간 제한이 있었던 모양이다. 그러나 시계가 흔치 않던 시대였으므로 지방의 고적대가 돌아다니며 파이프와 드럼으로 영업시간이 끝났음을 알렸고, 술집 주인은 여기에 장단을 맞춰 'Doe den tap toe' 하고 외쳤던 것이다. 'tap toe' 에서 유래한 'tattoo' 는 군악대의 행진의식을 의미하는 말이 되었다.

■ 매년 8월 첫 금요일에 개막

에딘버러 군악대 축제는 매년 8월 첫째 금요일에 시작하여 마지막 토요일까지 23일 동안 개최된다〈표2〉.

에딘버러 군악대 축제의 좌석별 요금체계

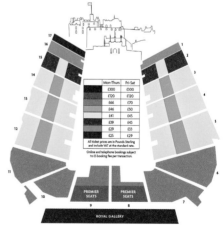

단, 일요일은 공연이 없고, 월요일에서 금요일까지는 1회(밤 9시), 토요일에는 2회(7시 30분과 10시 30분) 공연이 있다.

CHECK POINT

고성을 축제 공간으로 활용

에딘버러 군악대 축제는 에딘버러 성의 정문 입구에 있는 공간(castle esplanade)에서 개최된다. 이 공간은 평소에는 관광버스 주차장으로 이용되고 있다.

관람석은 성채를 제외한 세 면에 철제로 된 계단을 만들고 의자를 설치하여 관람석을 만든다. 이렇게 하여 약 9,000여 석의 관람석이 만들어진다. 그리하여 축제기간 동안 24회 공연에 21만 7천 명의 관중이 입장하게 된다.

입장료는 좌석에 따라 배 이상의 차이가 난다. 2015년도 군악대 축제의 경우 가장 비싼 좌석은 300파운드(51만 6000원)이고 가장 싼 좌석은 25파운드(4만 3000원)이다. 장애인석은 25파운드(4만 3000원)이고, 축제 하루 전날 개최되는 리허설 공연은 반값이다. 돈을 아끼려면 하루 전날의 리허설 공연 때 참석하는 것도 한 방법이다. 군악대 축제의 수익금은 적립하여 자선목적에 사용한다.

■ 군악대 축제의 출연진들

제50회를 맞은 1999년의 군악대 축제에는 800여 명의 출연진과 30마리의 말, 그리고 7명의 죽마곡예사들이 출연하였다.

밤 9시 정각에 개막 팡파르가 울린다. 성문 안쪽에서 기다리고 있던 군악대들이 축제장으로 서서히 모습을 드러낸다. 먼저 기마대 드럼 퍼레이드가 펼쳐졌다. 윤기 흐르는 군마 위에서 털모자에 화려한 견장과 휘장을 하고 드럼을 치고 악기를 연주하며 질서 정연하게 대오를 맞추어 들어오는 모습은 그야말로 장관이다.

이어서 명예연대장의 인사 등 간단한 개막의식이 있었다. 계속하여 스코틀랜드 군악대가 퍼레이드를 벌이고 여왕기마대, 왕립탱크부대, 스코틀랜드 하이랜드 부대, 왕립 공군악대 등 여러 군악대들이 퍼레이드를 벌인다.

군악대 축제에는 각 군의 시범부대, 낙타와 코끼리 그리고 기병부대 등 여러 종류의 밴드와 사람들이 참여한다. 다양한 색깔과 절도 있는 움직임, 파이프와 북소리 등이 에딘버러 성을 비추는 은은한 불빛과 함께 절묘한 조화를 이룬다.

백파이프를 연주하는 스코틀랜드 병사 킬트와 백파이프는 스코틀랜드를 대표하는 상징물이다.

군악대 축제는 핵심 출연진은 스코틀랜드 사단의 보병부대이다. 이들은 스코틀랜드 특유의 복장인 킬트(kilt) 복장에 독특한 백파이프(bagpipe)를 연주하며 행진한다. 킬트(kilt)란 스코틀랜드 고지 사람들이 입는 옷인데 허리에서 무릎까지 오는 주름치마로, 타튼(tartans)이라고 불리는 양모로 만든 유색의 격자무늬 모직물로 만든다. 킬트와 백파이프는 스코틀랜드를 대표하는 상징물이다.

그 외에도 이 축제에는 세계 각국에서 군악대, 경찰, 민간인 공연자들도 참여한다. 외국에서 온 공연단들로는 캐나다 밴쿠버 경찰악대, 바베이도스 방위군 밴드, 미국 남동미주리대학 마칭밴드 등이 화려한 행진과 음악,

무용 등을 선보였다. 특히 죽마곡 예사들은 사람 키의 몇 배나 되는 죽마를 신고 너무나 멋진 동작을 보여주었다.

군악대 축제의 마지막에는 출연진들이 모두 나와 스코틀랜드 민요인 '올드 랭 사인(Auld Lang Syne)'을 부른다. 이 곡은 초기의 우리나라 애국가 가사를 스코틀랜드 민요 '올드랭사인' 곡조에 맞추어 불렀기 때문에 우리 민족이 널리 부르던 곡으로, 우리의 귀에 너무나 익숙한 곡이다.*

'오랫동안 사귀었던 정든 내 친구여…'라는 가사로 시작되는 이 노래는 오늘날에도 이별해야 할 시간에 자주 부르는 노래이고, 찬송가 338장 '천부의 의지 없어서'도 올드랭사인의 곡에 가사를 붙인 것이다.

군악대 축제에 참가한 죽마곡예사들 군악대 축제에는 세계 각국에서 군악대, 경찰, 민간인 공연자들도 참가한다.

*현재 우리가 부르고 있는 애국가는 안익태 선생에 의해 1930년대 중반에 작곡되어 1948년 대한민국 정부가 수립되면서 채택된 것이다.

■ 환상적인 에딘버러 성의 조명

군악대의 행진을 더욱 돋보이게 해준 것은 에딘버러 성의 환상적인 조명이었다. 시간의 변화에 따라 색색으로 에딘버러 성벽에 조명을 비추고, 성채에 횃불을 밝혀 환상적인 분위기를 연출하였다. 아마도 군악대 축제의 장소가 이 곳이 아니었다면 이런 효과를 내기 어려웠을 것으로 생각되었다. 조명의 중요성에 대해 새삼 깨닫는 계기가 되었다.

우리는 스코틀랜드에서 돌아온 뒤 그 해 10월에 있었던 안동 국제탈춤 페스티벌에서 이 방법을 도입하여 보았다. 하회마을의 낙동강가에서 벌어진 줄불놀이공연 때 강 건너편 부용대 절벽에 조명을 하였더니 그 전 해에 비하여 훨씬 더 아름다운 분위기가 연출되었다.

에딘버러 군악대 축제에서 배울 점

첫째, 축제만으로도 지역경제를 활성화시키고 유명관광지로의 부상이 가능함을 보여주는 대표적인 사례가 에딘버러이다. 우리도 이러한 확신을 가지고 축제를 육성하는 전략을 추구하자.

인구 45만 명에 불과한 에딘버러 시는 축제 전략으로 연간 1천 2백만 명의 관광객을 유치하면서 지역경제 활성화는 물론 '유럽의 꽃'으로 불리는 도시이다. 에딘버러는 연간 수많은 축제와 이벤트가 벌어진다. 특히 휴가철인 8월에는 여섯 종류의 축제가 거의 비슷한 시기에 벌어지는데, 이중 국제 축제, 프린지 축제와 군악대 축제는 세계적으로 유명하다.

기후도 좋지 않고 중세풍의 건물들이 우중충하게 솟아있는 에딘버러 시가 '유럽의 꽃'으로 탈바꿈하게 된 비결은 무엇일까? 여러 학자들은 산업의 중심이 유럽의 다른 지역이나 미국을 중심으로 한 '신세계'로 옮겨간 제2차 세계대전 직후 "축제로 지역발전의 승부를 걸자"는 자치단체와 지역주민들의 자각에서 그 해답을 구하고 있다(이원태, 1997: 11).

지역의 문화자원을 이용한 축제 등 이벤트 관광의 장점은 ①대규모의 자본투자 없이 가능하기 때문에 비용절감 효과가 있으며, ②축제의 관광 상품화로 얻는 수익은 지역주민들에게 주로 환원되기 때문에 지역 외 유출의 부작용이 적다. ③어느 지역이든지 지역 축제가 있어 개발 잠재성이 높고, ④ 종래의 정적 형태의 관광에서 역동성이 느껴지고 직접 체험할 수 있는 동적 형태의 관광으로 옮겨가는 현대 관광의 추세에 부합된다(정강환, 1996: 27~28).

관광선진국인 미국, 영국, 프랑스, 이탈리아, 일본 등에서는 문화자원을 활용한 관광개발은 이미 적극적으로 실행되었던 지역개발전략이다. 가까운 일본 구마모토현의 오구니마찌는 옛날부터 조그만 산간온천지역이었는데, 1985년부터 각종 축제와 이벤트를 개최하면서 연간 70여만 명의 관광객을 유치하는 관광명소로 바뀌었다. 북해도의 유바리시(夕張市)에서도 폐광지역으로서의 한계를 폐광자원을 활용한 이벤트와 멜론 축제 등의 지역축제를 개발하여 극복한 사례를 찾아볼 수 있다.

우리나라에서도 상당수의 기초자치단체들이 지역의 자연환경적 제약을 오히려 역이용하거나 역사문화적 자원을 활용하여 새로운 축제들을 개발하고 있다. 여기에 창의적인 아이디어와 치밀한 기획력 그리고 주민의 자발적 협력 의지가 더해진다면 성공적인 축제로 이어질 수 있을 것이다.

둘째, 축제장소 선정 시 지역의 문화적 특성과 축제의 성격이 잘 조화를 이루는 장소를 선정해야 한다.

에딘버러 군악대 축제의 경우 독특한 스코틀랜드 군악대의 전통과, 고성인 에딘버러 성채, 이 두 가지의 독특한 문화적·공간적 자원을 절묘하게 조화시켰기 때문에 신비스럽고 매력적이다. 만약 이런 축제를 공설운동장이나 강변의 둔치에서 한다면 어떤 느낌이 들겠는가? 우리나라의 경우 대다수의 축제가 천편일률적으로 강변 둔치나 공설운동장 등에서 치뤄지고 있다. 충남 아산에서 열리는 '아산 성웅이순신 축제'의 경우 과거 곡교천 둔치 또는 신정호 주변에서 개최하다가 온양온천역 주변으로 옮겨 개최하면서 접근성이 크게 향상되었다.

정자나 고택, 절간의 마당 등도 훌륭한 축제공간이 될 수 있을 것이다. 실제로 안동의 경우 2000년과 2001년에 아름다운 문화유적지인 '군자리 고택'에서 성주풀이 공연을 한 결과, 큰 호평을 받았다.

셋째, 최신 기법의 조명이나 음향시설을 이용하여 축제

공간이나 공연무대를 환상적으로 연출할 필요가 있다. 에딘버러 군악대축제의 경우 에딘버러 성채에 시시각각으로 조명의 변화를 주어 축제를 더욱 환상적으로 연출하였다. 낡고 우중충한 에딘버러 성채는 군악대축제가 열리는 밤이면 아름답고 환상적인 성으로 다시 태어난다. 우리는 에딘버러 군악대축제에서 축제에 미치는 조명의 영향을 실감할 수 있었다.

축제에서 연출이란 축제의 일정한 주제를 찾아내고 이것을 방문자에게 효과적으로 전달하기 위하여 연출 구성요소인 연기, 장치, 조명, 음향, 의상 등을 일정한 주제와 유기적으로 결합시키는 일련의 작업을 행함을 가리킨다. 이렇게 함으로써 관광자가 그들의 주의를 집중시키고, 탄성을 발하거나, 환상에 젖거나, 호기심이 충족되거나, 사진을 찍거나, 매료될 수 있게 된다.

우리나라에서도 산사, 정자나 고택, 성벽, 강이나 언덕, 절벽과 폭포 등에 이런 유사한 조명 연출을 시도한다면 큰 효과가 있을 것으로 생각한다. 안동 국제탈춤 페스티벌의 경우 하회마을 만송정 솔밭에 야외무대를 설치하고 여러 그루의 소나무에 조명을 하여 탈춤공연과 국악공연을 하거나 하회마을 고가의 마당에서 탈춤을 공연하여 호평을 받고 있다.

그런데 문화유적지나 자연경관지를 연출무대로 활용하는 데 따르는 관계당국자들의 인식변화가 선행되지 않으면 이상과 같은 시도는 실현되기 어렵다. 우리나라의 경우 문화유적지를 훼손한다는 이유로 관련기관의 협조를 얻기 어려운 실정이다. 문화유적지를 보호하려는 입장도 타당하지만, 과연 무조건적인 보호만이 최선책인지 재고해볼 필요가 있다(정경훈, 2001: 150). 최선의 보존은 문화유적지의 가치를 드높일 수 있는 활용에 있다고 보기 때문이다.

에딘버러 프린지 축제
(Edinburgh Festival Fringe)

■ 변두리에서 시작한 작은 축제가 지구상에서 가장 큰 예술축제로

에딘버러 프린지 축제는 1947년에 8개 극단이 예술과 문화를 통한 전후 '유럽의 평화와 통합'을 기치로 내걸고 변두리의 작은 극장에서 자발적으로 모여 공연함으로써 시작되었다.

프린지(fringe)란 본래 '가장자리' 또는 '주변'이라는 뜻으로 이러한 이름이 붙은 것은 공연을 취재한 한 기자가 공연에 대한 기사를 쓰면서 '페스티벌의 변두리에서(on the Fringes of the Festival)'라는 말을 쓴 데서 유래하였다고 한다.

현재는 연극, 영화, 무용, 음악 등 공연문화 전반을 아우르는 유명한 축제로 자리잡았다. 프린지 축제는 '지구상에서 가장 큰 예술축제(the largest arts festival on the planet)'로 기네스북에 올라 있다.

■ 8월 초에 시작, 23일간 개최

프린지 축제는 매년 8월 초에 시작하여 23일간 열린다. 〈표3〉에서 보는 바와 같이 매년 축제는 일요일에 시작하여 월요일에 마친다.

<표3> 프린지 축제의 개최기간

연도	개최시기	비고
2000	8. 6 (일) ~ 8. 28 (월)	23일간
2002	8. 4 (일) ~ 8. 26 (월)	23일간
2012	8. 3 (금) ~ 8. 27 (월)	25일간
2015	8.7 (금) ~ 8. 31 (월)	25일간

■ 프린지 축제의 특징

프린지 축제는 시작 당시부터 지금까지 지켜오고 있는 세 가지의 특징이 있다.

첫째, 프린지 축제위원회는 공연자를 초청하지 않는다.
둘째, 비전통적인 공연공간을 사용하고 재정적인 위험부담은 스스로 감수한다.
셋째, 관중의 수요에 적응하느냐 여부에 따라 살아남거나 퇴출된다.

프린지 축제의 특징은 누구나 참가할 수 있고 축제참가에 아무런 제약도 없다. 주최측에서는 공연단을 초청하거나 선정하지 않는다. 그러므로 축제에 참가하기를 희망하는 공연단은 스스로 공연할 장소를 물색하고, 스폰서를 구하고, 자신이 비용을 마련하고, 스스로 광고를 해야 한다. 적자가 될지도 모르는 위험을 감수하고 공연해야 한다. 이 점이 엄격한 심사를 통해서 수준 높은 예술작품만을 공연하는 에딘버러 국제축제(Edinburgh International Festival)와 크게 다른 점이다.

주최측이 참가희망자에게 하는 역할은 단지 세 가지이다. ①자문과 안내, ②티켓 판매, ③출판과 웹사이트에서의 홍보 등이다. 그 외에는 전혀 관여하지 않는다.

대신에 주최측은 오랜 기간의 경험과 노하우를 바탕으로 참가희망자들을 위해 두 권의 상세한 안내서를 발간하고 있다.

에딘버러 프린지 운영위원
장 폴 고딘(Paul Gaudin)
과의 면담

먼저 『프린지 축제에서 어떻게 공연을 할 것인가?(How to do a show on the Fringe)』라는 책자에는 축제에 참가하는 방법, 공연장을 물색하는 방법, 예산의 마련, 스폰서를 구하는 방법, 매표소의 운영, 법적인 문제들 그리고 숙박이나 여행에 이르기까지 구체적인 예를 들어가며 상세하게 안내하고 있다.

또 다른 안내서인 『프린지 축제에서 어떻게 공연을 팔 것인가?(How to sell a show on the Fringe)』라는 책에서는 주로 언론과 마케팅에 관한 안내를 하고 있다. 예를 들면 언론홍보와 마케팅의 개념에서부터, 마케팅 전략을 세우는 방법, 홍보물의 프린트와 디자인 방법, 언론홍보 방법, 각종 신문사와 방송국의 주소 등을 안내하고 있다.

■ 세계 최대의 예술 견본시장

프린지 축제에서는 공연수입이 보장되어 있지 않다. 따라서 세계 각국의 공연단들이 재정적인 손해의 위험성을 감수하면서, 심지어 적자를 보면서까지 참가한다. 왜 이들은 손해를 보면서까지 프린지 축제에 참가하고자 하는 것일까? 그 이유는 에딘버러 프린지 축제가 국제적인 예술공연물 견본시장이기 때문이다.

프린지 축제에는 참가자격에 제한이 있는 것이 아니고 누구나 장소만 확보되면 참가할 수 있다. 따라서 아마추어부터 유명 공연단에 이르기까지 매우 넓은 범위의 극단들이 프린지 축제에서 그들의 작품을 보여주고, 그들의 재능을 선보이기 위해 에딘버러에 몰려온다.

한편 세계 각국의 공연기획자들은 프린지 축제에 와서 공연되는 작품들을 보고 예술성과 상품성을 평가하여 마음에 드는 작품이 있으면 구매해 간다. 그러므로 프린지 축제는 공연예술을 선보이고 사가는 견본시장의 역할을 하고 있다.

축제참가자의 입장에서 보면 프린지 축제는 자신들의 기량과 작품을 세계에 알릴 수 있는 절호의 기회이다. '미스터 빈'을 비롯 '델라구아다,' '검부츠' 등이 에딘버러 프린지 축제에서 공연되었다가 세계적으로 유명해진 대표적 작품들이다(동아일보. 2002. 8. 19).

우리에게 잘 알려진 '난타(Cooking)'도 1999년도 프린지 축제 공연(8. 6 ~30)에서 좋은 평가를 받은 이후 국내는 물론 세계적인 상품이 되었다. 우리는 8월 7일 아침 10시에 프린지 축제 운영위원장인 폴 고딘(Paul Gaudin)을 만났는데 그는 "어제 저녁에 '난타'를 관람하였는데 매우 재미있었다. 매우 훌륭한 작품이다"라고 평가하였다. 당시 '난타'는 현지 언론으로부터도 격찬을 받았다.

난타는 그 후 우리나라와 일본, 미국 등에서 높은 평판을 받고 성황리에 공연되었으며, 지금은 난타 전용관을 건립하고 장기공연을 하고 있다.

■ 상상할 수 있는 모든 형태의 작품이 공연

프린지 축제에서는 다양한 형태의 작품들이 엄청나게 많이 공연되고 실험적인 작품도 많이 나온다. 2014년 프린지 축제에서는 전 세계 51개국에서 온 2,636개 공연단이 299개 장소에서 49,497회의 공연이 이루어졌다.

장르별로는 코미디(Comedy)가 34%로 가장 많고, 연극(Theatre) 28%, 음악(Music) 13%, 어린이를 위한 공연(Children's Shows) 5%, 댄스 · 신체적 표현과 서커스(Dance, Physical Theatre and Circus) 4%, 토크(Spoken Word) 4%, 이벤트(Event) 4%, 뮤지컬과 오페라(Musical and Opera) 3%, 전시(Exhibitions) 2% 순이다.

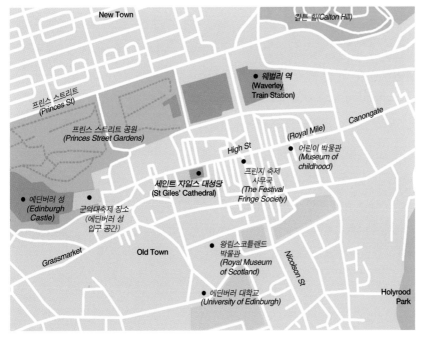

에딘버러 지도

매년 프린지 축제에서는 상상할 수 있는 거의 모든 형태의 예술이 공연된다. 따라서 다른 축제처럼 매년 어떤 테마가 있는 것이 아니다. 그러나 편의상 주최측에서는 이들 작품을 크게 8개 분야로 나누어 분류하고 있다. 즉 어린이를 위한 공연, 코미디와 익살극, 댄스와 신체적 표현, 음악, 뮤지컬과 오페라, 토크와 이벤트, 연극, 비주얼아트 등이다.

다양한 공연 공간 이용

공연장은 극장, 콘서트홀, 학교, 교회, 호텔, 카페, 클럽, 식당, 야외정원 등 약 300개의 다양한 공간이 사용된다. 공연을 할 수 있는 공간이면 어느 곳이나 사용된다. 평소에는 공연장으로 사용되지 않던 빌딩의 사무실이 공연장으로 변하기도 하고 교회나 야외 등도 자주 공연장으로 사용된다. 축제기간 동안 500m에 이르는 에딘버러의 하이 스트리트는 오전 10시 30분부터 밤 9시까지 자동차 통행을 통제해 거리 전체가 공연장으로 바뀐다. 시내의 좋은 위치에 있는 이름 있는 극장들은 관객을 모으거나 언론의 관심을 끄는 데 유리하지만 그 대신에 사용료가 비싸다. 그러므로 참가극단들은 그들의 재정능력 등 여러 가지 사항을 고려하여 공연장을 구하는 일이 프린지 축제에 참가하는 데 있어서 가장 중요한 일 중의 하나이다. 8월에 개최되는 프린지 축제에 참가하려면 늦어도 1월 초에는 공연장소를 물색해야 한다.

■ 소규모 조직으로 거대한 축제운영

공연단들의 요구에 따라 프린지 축제위원회(The Festival Fringe Society)
가 1959년에 조직되었다.

프린지 축제위원회는 출판과 티켓 판매 그리고 공연자와 청중 양자에
대한 종합적인 정보제공 서비스를 하는 것을 임무로 하고 있다.

프린지 축제 위원회는 순수 민간단체이다. 프린지 축제위원회 아래 운영
위원회가 있고 평소에는 운영위원장을 포함 21명이 근무하며, 축제기간 중
에는 5주에서 5개월까지 근무하는 임시직원이 50~100명까지 늘어난다.

**프린스 스트리트 공원의
야외공연장** 프린지축제
의 공연장은 극장, 콘서트
홀, 학교, 교회, 호텔, 카
페, 클럽, 식당, 공원 등
다양한 공간이 사용된다.

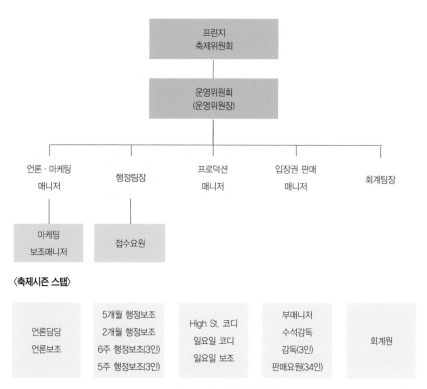

〈그림1〉 프린지 축제 조직도

프린지
축제위원회

운영위원회
(운영위원장)

언론 · 마케팅
매니저

행정팀장

프로덕션
매니저

입장권 판매
매니저

회계팀장

마케팅
보조매니저

접수요원

〈축제시즌 스탭〉

언론담당
언론보조

5개월 행정보조
2개월 행정보조
6주 행정보조(3인)
5주 행정보조(3인)

High St. 코디
일요일 코디
일요일 보조

부매니저
수석감독
감독(3인)
판매요원(34인)

회계원

자료 : 프린지 축제위원회(The Festival Fringe Society) 제공

■ 프린지 축제의 수입과 지출

　프린지 축제의 관람객 수는 매년 증가하고 있는 추세이다. 2002년도 프린지 축제의 티켓 판매량은 약 92만 장이 이었는데, 2014년에는 약 220만 장이 판매되었다.

　2014년도 에딘버러 축제의 수입총액은 386만 파운드(65억 원), 지출총

액은 362만 파운드(61억 원)으로 약 24만 파운드(4억 원) 정도의 흑자를 기록하였다.

수입은 대부분 입장권 판매 수수료, 출판 및 웹사이트 관리와 관련된 광고 수입, 등록비와 스코틀랜드 정부의 보조금 등이다.

한편 지출은 입장권 판매 인건비, 협회 직원 인건비, 출판비 및 웹사이트 관리비, 후원금을 받기 위한 마케팅비,

프린지 축제사무소(The Festival Fringe Society) 하이 스트리트(High Street) 180번지에 있다.

〈그림2〉 프린지 축제의 수입과 지출내역 (2014)

총수입 386만 파운드(65억원)

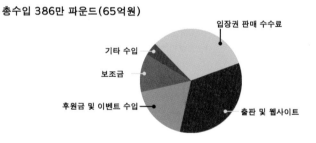

입장권 판매 수수료
기타 수입
보조금
후원금 및 이벤트 수입
출판 및 웹사이트

총지출 362만 파운드(61억원)

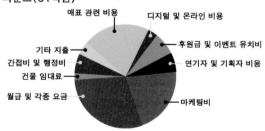

매표 관련 비용
디지털 및 온라인 비용
기타 지출
후원금 및 이벤트 유치비
간접비 및 행정비
연기자 및 기획자 비용
건물 임대료
월급 및 각종 요금
마케팅비

2014년 8월 15일
1파운드는 1,682원이다.

거리 홍보 프린지 축제에서도 다양한 방법으로 자신들의 공연을 홍보한다.

훈련비, 간접비 등이다.

에딘버러 프린지 축제의 경우 주최 측에서는 출판과 티켓 판매 그리고 공연자와 청중에 대한 정보제공의 역할만 하므로 축제의 규모에 비해 예산규모는 매우 작은 편이다.

그러나 이 축제의 규모가 큰 만큼 7개월 전부터 본격적인 준비가 시작된다. 대체로 1월 하순부터 시작하여 런던, 버밍햄, 맨체스터, 에딘버러 등에서 여러 차례의 관계자 미팅을 하게 된다. 6월 초에는 최종 공식 프로그램이 확정된다.

프린지 축제의 성공 비결

우리는 1999년 8월 7일 아침 10시에 프린지 축제위원장인 폴 고딘(Paul Gaudin)과 인터뷰를 하였다. 그는 질문에 친절하게 대답하면서 팸플릿과 안내책자 그리고 대외비로 분류하고 있는 축제의 수입·지출명세서까지도 우리에게 복사해 주었다.

마지막 질문으로 '프린지 축제가 성공하게 된 요인은 무엇인가?' 라는 질문에 대하여 그는 세 가지를 들었다.

첫째, 항상 새로운 공연을 추구한다.

둘째, 누구나 참가할 수 있다.

셋째, 축제기간에 다른 페스티벌이 중복되기 때문에(군악대 축제, 북페스티벌, 재즈페스티벌, 필름 페스티벌 등) 방문객은 다양한 프로그램을 동시에 볼 수 있는 장점이 있다.

프린지 축제에서 배울 점

첫째, 그 분야의 예술견본 시장의 꿈을 가지고 축제를 구상하자. 프린지 축제에서 인정받으면 세계적으로 성공할 수 있기 때문에 참가극단들은 스스로의 부담으로 참가하려는 것이다. 누구나 참여할 수 있는 개방성, 다양한 작품의 실험적 공연, 참가비용의 자부담 등이 예술견본 시장으로서 성공하게 된 요인이다. 앞으로 영화제나 연극제 등에서 장래에 칸느 영화제나 에딘버러 프린지 축제와 같은 세계적인 예술견본 시장으로서의 역할을 하겠다는 장기적인 비전을 가지고 축제를 구상하는 꿈을 실현시켜 보자.

둘째, 저비용 고효율의 축제를 개최하는 방안을 모색해야 한다. 돈을 적게 들이고도 얼마든지 세계적인 축제를 할 수 있다는 사실은 에딘버러 프린지 축제나 뮌헨 맥주 축제를 통해 잘 알 수 있다.

세계 최대의 예술축제이며, 관람객 수가 100만 명에 달하는 에딘버러 프린지 축제의 상근 인원은 8명이고, 연간 예산도 약 16억 원에 불과하다. 이것이 가능한 이유는 에딘버러 프린지 축제의 경우 주최측에서는 출판과 티켓 판매 그리고 공연자와 청중에 대한 정보제공의 역할만 하기 때문이다. 그러므로 다른 축제에 비해 경비도 거의 들지 않고 인원도 소규모로 운영할 수 있다. 프린지 축제는 세계에서 가장 큰 예술견본 시장이면서 동시에 가장 저렴한 비용으로 축제를 운영하고 있다.

우리는 축제 주최측에서 하나부터 열까지 모든 일에 관여하는 방식을 택한다. 돈이 가장 적게 드는 방식이 프린지(fringe) 방식이다. 주최측에서는 축제판만 벌이고 나머지는 모두 참가팀이 알아서 하게 하는 것이다. 아비뇽 축제의 자유참가부문(Off)도 이름만 다르지 마찬가지이다.

이제 우리도 많은 돈을 들여 축제를 개최하기보다 적은 돈으로 축제를 개최하는 방식을 도입해야 할 때이다.

이러한 방식은 적은 인원과 예산으로 개최할 수 있다는 장점이 있는 반면 어느 정도의 명성을 얻기까지에는 기다림이 필요하다. 어느 정도 명성을 갖게 되면 수많은 공연팀들이 서로 참가하려고 축제를 기다리게 되고, 국내외 많은 사람들이 축제를 찾게 되어 지역경제에도 크게 이바지하게 된다.

셋째, 별도의 축제공간을 마련하려는 노력보다 지역의 다양한 기존공간을 활용할 필요가 있다. 프린지 축제의 경우 공연장은 극장, 콘서트홀, 학교, 교회, 호텔, 카페, 클럽, 식당, 야외정원 등 공연을 할 수 있는 공간이면 어느 곳이나 사용된다. 평소에는 공연장으로 사용되지 않던 빌딩의 사무실이 공연장으로 변하기도 하고 교회나 야외 등도 자주 공연장으로 사용된다. 새로운 축제장이나 공연장을 만들기보다 기존의 공간을 활용하는 지혜가 필요하다.

에딘버러 군악 축제 홈페이지 _ http://edinburgh-tattoo.co.uk

에딘버러 프린지 축제 홈페이지 _ http://www.edfringe.com

참고문헌

김일철(1994), 『일본 농촌과 지역활성화 운동』, 나남출판.

동아일보(2002. 8. 19), "영국은 지금 '에딘버러 축제열풍'".

이원태(1997), "향토축제의 육성 및 발전방안" 『향토축제 기획담당자 연수교재』, 충
　　　　　청남도.

이태훈(2002), "기네스북에 오른 세계최대의 축제도시 '에딘버러'",
　　　　　월간 『레일로드』, 2002년 8월호, 철도청.

정강환(1996), 『이벤트관광전략』, 일신사.

정경훈(2001), 『문화이벤트 연출론』, 대왕사.

조선일보 (2002. 8. 1), "문화 인큐베이터 에딘버러 프린지."

한국관광공사(1995), 『1995년도 관광동향에 관한 연차보고서』.

http://edinburghfestivals.co.uk.

http://www.edfringe.com

http://edinburgh-tattoo.co.uk

The Festival Fringe Society(1999). *How to do a show on the Fringe.*

The Festival Fringe Society(1999). *How to sell a show on the Fringe.*

The Festival Fringe Society(1999). *Edinburgh Festival Fringe 1999.*

The Edinburgh Military Tattoo Board(1999). *The Edinburgh Military Tattoo 1999.*

연극 '예더만' _ 잘츠부르크 페스티벌은 1919년에 처음으로 제안되어, 1920년 8월 22일에 잘츠부르크 성당앞 광장에서 호프만쉬탈(Hugo von Hofmannsthal)의 작품 '예더만(Jedermann)'을 무대에 올림으로써 처음으로 시작되었다. 지금도 잘츠부르크 페스티벌은 연극 '예더만'의 공연으로 시작된다.(사진:잘츠부르크 관광 사무소 제공)

잘츠부르크 페스티벌(Salzburger Festspiele)

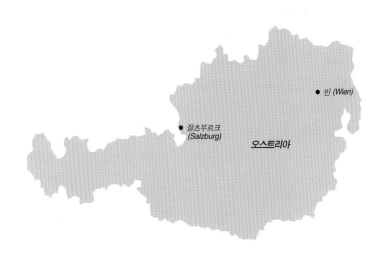

● 빈 (Wien)

● 잘츠부르크
(Salzburg)

오스트리아

모차르트의 고향, 음악의 도시, 고색 창연한 호엔잘츠부르크 성과 아름다운 미라벨 정원, 역사의 향기가 스며 있는 시가지, 이 모든 것이 한데 어우러져 오케스트라의 선율처럼 아름다운 분위기를 연출하고 있는 도시가 잘츠부르크이다. 이 아름다운 도시에서 매년 여름 세계 최고 수준의 음악제인 잘츠부르크 페스티벌이 열린다. 여름 축제기간이 되면 세계 각국의 음악 애호가들이 잘츠부르크로 모여든다. 페스티벌 기간 동안은 잘츠부르크의 온 도시가 그대로 음악회장이라 해도 과언이 아니다. 잘츠부르크 페스티벌에서는 모차르트의 음악을 비롯한 주옥 같은 작품들이 공연된다. 베를린 필, 비엔나 필 등 세계적인 필하모닉들이 연주하고, 당대를 대표하는 명 지휘자들이 음악팬을 사로잡는다.

■ 아름다운 오스트리아

잘츠부르크는 오스트리아 중서부 지방에 위치한 아름다운 도시로, 인구는 약 15만 명이다. 수도인 빈(Wien)에서 서쪽으로 310km 떨어져 있고 독일 국경에 가까운 곳에 있다.

아침 일찍 빈의 호텔을 출발한 우리는 A1 고속도로를 이용하여 가다가 중간에 지방도로를 이용하여 잘츠부르크로 가기로 하였다. 고속도로로 가는 것보다 거리도 멀고 시간도 30분 이상 더 걸리지만 이 길을 택한 이유는, 오스트리아에서도 경치가 아름답기로 소문난 잘츠캄머구트(Salzkammergut) 지역의 경치를 감상하기 위해서였다.

잘츠부르크 주변경관
잘츠부르크 주변지역은 오스트리아에서도 경치가 아름답기로 소문난 곳이다.

잘츠부르크로 가는 길은 그림처럼 아름다웠다. 알프스의 산들이 높이 솟아 있고, 그 사이사이로 크고 작은 호수가 점점이 박혀 있는데, 호수 빛깔은 석회석이 녹아 있어 푸른 회색을 띠고 있다. 낮은 구릉에는 아름다운 숲과 푸른 초원 사이로 농가가 드문드문 보인다. 집은 대개 2층 구조로 되어 있는데, 집집마다 2층 난간에는 아름다운 꽃을 가득히 심어두고 있다.

■ 모차르트의 고향, 잘츠부르크

잘츠부르크는 천재 음악가 모차르트(Wolfgang Amadeus Mozart: 1756~1791)의 고향으로 유명한 음악도시이다.

모차르트는 이곳 잘츠부르크에서 궁정음악가의 아들로 태어나 네 살 때 밖에서 들려오는 교회 종소리를 오선지에 옮겨 놓았으며, 다섯 살 때 피아노 소품을 작곡하였다고 한다. 잘츠부르크 구 시가지의 게트라이데 거리(Getreidegasse) 9번지에는 모차르트 생가(Mozarts Geburtshaus)가 잘 보존되어 있다. 이 곳은, 그가 태어나서 17세까지 살았던 곳으로, 이 곳에는 그가 사용하던 피아노와 바이올린, 자필로 쓴 악보, 가족끼리 주고받은 편지 등이 전시되어 있다.

그는 열한 살 때부터 오페라 작곡을 시작해 오페라만 하더라도 22편을 남긴 신기록을 세웠다. 대표적인 명작으로는 '피가로의 결혼(Le mariage de Figaro)', '돈 조반니(Don Giovanni)', '마술 피리(Die Zauber-flöte)', '코지 판 튜테(Cosi Fan Tutte : 여자란 모두 그

모차르트 기념관 입구
모차르트가 태어나서 17세까지 살았던 곳으로 그가 사용하던 피아노와 바이올린, 자필로 쓴 악보, 가족끼리 주고 받은 편지 등이 전시되어 있다.

래)' 등이 있다. 따라서 잘츠부르크 축제에서는 이런 작품들이 단골로 공연된다.

■ 영화 '사운드 오브 뮤직'의 무대

잘츠부르크(Salzburg)란 지명은 이 지역에서 옛날부터 암염이 많이 생산되어 이를 잘자흐 강을 통해 유럽 각지에 판매한 데서 유래한다. 잘츠(Salz)란 독일어로 '소금'이란 뜻이고 부르크(Burg)란 '성읍'이란 뜻이다. 지난날에는 소금거래로 번성하였던 도시이다.

잘츠부르크는 유럽에서 가장 아름다운 도시 중의 하나로 영화 '사운드 오브 뮤직'의 무대로 유명한 도시이다. 영화 속에서 마리아(쥴리 앤드루스 分)는 게일 대령(크리스토프 플러머 分)의 아이들을 데리고 호엔잘츠부르크 성(Festung Hohensalzburg)과 아름다운 시가지를 배경으로 노래를 부른다. 영화 '사운드 오브 뮤직'을 관광상품화하여 시내에 있는 극장식 레스토랑에서는 매일 밤 사운드 오브 뮤직 쇼가 벌어지고, 영화의 무대가 되었던 곳을 방문하는 '사운드 오브 뮤직 투어'도 있다.

이곳 잘츠부르크에서 빼놓을 수 없는 아름다운 명소 중의 하나는 미라벨 정원(Mirabel Garten)이다. 이 정원은 직사각형의 바로크식 정원으로 가장자리는 잘 다듬어진 마로니에 나무 울타리로 둘러싸여 있고, 정원 내부는 푸른 잔디 위에 붉은 꽃을 심었는데 마치 푸른 바탕에 붉은 수를 놓은 듯하다. 이곳에서 바라보는 잘츠부르크 성의 경치는 한 폭의 그림처럼 아름답다.

잘츠부르크의 명소인 구시가지의 게트라이데 거리는 화려한 가게 간판으로 유명한 곳이다. 문맹이 많았던 중세 시대에 글씨 대신 가게에서 파는 상품의 모양을 본떠 가게 간판들을 만들었다고 한다. 간판 하나하나가 독특하고 개성 있는 수공예품이다.

시내 중앙으로는 잘츠부르크의 젖줄인 잘자흐(Salzach) 강이 유유히 흐른다. 볼거리가 집중되어 있는 구 시가

미라벨 정원 잘츠부르크에서 빼놓을 수 없는 아름다운 명소 중의 하나이다.

지는 좁은 반경 내에 밀집되어 있어서 걸어서도 반나절이면 충분히 구경할 수 있다. 시내버스는 대기 오염을 막기 위해 모두 전기버스만 다니는데 공중에 설치되어 있는 전력선에서 전기를 공급받는다.

잘츠부르크의 명물, 게트라게트라이데 거리의 간판 문맹이 많았던 중세시대에 글씨 대신 가게에서 파는 상품의 모양을 본떠 가게 간판들을 만들었다고 한다. 독특한 가게 간판으로 유명하다.

■ 매년 7월 하순부터 5~6주간 개최

잘츠부르크 페스티벌은 세계적으로 가장 수준 높고 유명한 음악축제로서 매년 7월 하순에서 8월 말까지 약 6주간 열리는데 개최 일자와 기간은 해마다 약간씩 변한다〈표1〉.

여름 축제 기간이 되면 세계 각국의 음악 애호가들이 잘츠부르크로 모여든다. 축제 기간 동안은 온 도시가 그대로 음악회장이라 해도 과언이 아니다.

잘츠부르크 페스티벌에서는 모차르트의 음악을 비롯한 주옥 같은 작품들이 공연된다. 베를린 필, 빈 필 등 세계적인 필하모닉들이 연주하고 당

〈표1〉 잘츠부르크 페스티벌의 개최시기

연도	개최기간	날짜 수
2000	7. 23 (일) ~ 8. 31 (목)	40일간
2001	7. 21 (토) ~ 8. 31 (금)	42일간
2012	7. 20 (금) ~ 9. 2 (일)	45일간
2015	7. 18 (토) ~ 8. 30 (일)	44일간

대를 대표하는 명 지휘자들이 음악팬을 사로잡는다. 빈 필은 여름 동안 빈을 떠나 잘츠부르크 페스티벌에서 중추적인 역할을 한다.

■ 주요 분야는 오페라, 연극과 콘서트

잘츠부르크 페스티벌은 1919년에 처음으로 제안되어, 1920년 8월 22일에 잘츠부르크 성당 앞 광장에서 호프만쉬탈(Hugo von Hofmannsthal : 1874~1929)의 작품으로 부자의 죽음을 다룬 드라마 '예더만(Jedermann)'을 무대에 올림으로써 처음으로 시작되었다.

처음에는 주로 모차르트 곡을 다루던 축제였으나 이제는 프로그램의 폭이 넓어졌다. 프로그램은 크게 오페라(Opera), 연극(Drama), 콘서트(Concert)로 구분된다.

2000년도 축제 프로그램은 8개의 오페라, 6개의 연극 그리고 70회의 콘서트를 포함하여 200회의 공연이 이루어졌다. 축제의 주제는 '트로이와 사랑(Troy and Love)'으로 정하였다. 공연된 주요 작품을 보면 먼저 오페라로는 베를리오즈의 '트로이 사람들(Les Troyens)', 쟈크 오펜바하의 '아름다운 엘렌느(La belle Hélène)', 모차르트의 '돈 조반니' 등 8개의 오페라 작품이 공연되었다.

연극으로는 셰익스피어의 '햄릿(Hamlet)', 호프만쉬탈의 '예더만' 등 6개의 작품이 공연되었다.

그리고 70여 회의 콘서트가 열렸는데, 그 중의 하이라이트를 보면 주빈 메타(Zubin Metha), 리카르도 무티(Riccardo Muti) 등이 지휘하는 빈 필과 세계적으로 유명한 관현악단 및 연주가들이 공연하였다.

■ 잘츠부르크 페스티벌의 정신

잘츠부르크 음악제에서는 프로그램을 선정하고 진행하는 데 몇 가지 원칙을 정하고 있다.

첫째, 고전적 유산을 오늘날의 청중들에게 현대적 표현방식을 통해 전달한다. 이를 통해 전통과 혁신의 완벽한 조화를 추구한다.

둘째, 20세기의 가장 위대한 작품들을 세계 최고 수준의 형태로 보여준다.

셋째, 충분한 공간이 현대적 작품과 조화를 이루어야 한다.

넷째, 모든 이벤트들은 일반 대중들이 쉽게 접할 수 있도록 제공되어야 한다. 이를 위해 젊은이들을 위한 싼 가격의 티켓 수를 늘리고, 새로운 공연장소들을 확보한다.

■ 격조 높은 공연장

잘츠부르크 페스티벌은 연주의 특성상 주로 실내에서 공연된다. 대표적인 공연장을 보면 대축제 극장, 소축제 극장, 모차르트 음악원, 여름 승마학교, 주립극장, 대성당 등이다. 야외무대로는 대성당 앞 광장(Domplatz)이 이용된다. 이것들은 모두 200m 이내의 거리에 있다.

대축제 극장(Grosses Festspielhaus)은 무대의 넓이가 100m에 이르는 세계 최대의 무대를 갖춘 극장의 하나이다. 이 극장은 좌석 수가 2,180석으로 1960년에 개관되었는데 개관기념공연은 잘츠부르크 출신의 세계적 명지휘자 카라얀(Herbert von Karajan: 1908~1989)이 지휘하였다. 소축제극

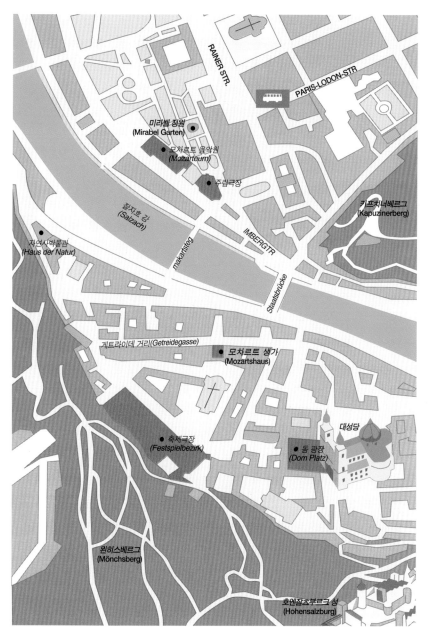

미라벨 정원
(Mirabel Garten)

모차르트 음악원
(Mozarteum)

주립극장

RAINER STR.

PARIS-LODON-STR

카프치너베르크
(Kapuzinerberg)

잘자흐 강
(Salzach)

자연사박물관
(Haus der Natur)

IMBERGTR

makartsteg

Staatsbrücke

게트라이데 거리(Getreidegasse)

모차르트 생가
(Mozartshaus)

대성당

축제극장
(Festspielbezirk)

돔 광장
(Dom Platz)

묀히스베르크
(Mönchsberg)

호엔잘츠부르크 성
(Hohensalzburg)

잘츠부르크 약도

대성당(Dom) 전면
잘츠부르크 페스티벌은 1920년 이곳 광장에 무대를 만들고 연극 예더만 (Jedermann)을 공연을 함으로서 시작되었다.

장 (Kleines Festspielhaus)은 1,324석을 갖추고 있다. 유명한 음악대학인 모차르트 음악원 (Mozarteum)의 대공연장(800석)도 단골 공연장으로 사용된다.

여름 승마학교(Felsenreitschule)는 원래 동물에게 먹이를 주고 승마 시범을 보이는 곳이었다. 1926년에 라인하르트(Max Reinhardt)가 잘츠부르크 음악제에서 연극을 공연한 이래로 잘츠부르크 페스티벌 공연장으로 애용되어 오고 있는 곳이다. 이곳은 지붕이 개폐식 구조로 되어 있으며 객석 수는 1,550석이다. 영화 '사운드 오브 뮤직'에서 트랩 가의 식구들이 나치를 피해 스위스로 도망가기 직전에 음악경연대회에서 가족 합창을 하는 곳으로 나온다.

주립극장(Landestheater)은 1893년에 문을 열었다. 처음에는 로코코 양식으로 내부를 장식하였다. 1938~1939년에 전면을 개수하였고, 1977~1978년에 개수하면서 현대식 기계시설과 냉난방을 설치하였다. 좌석 수는 707석으로 오페라와 연극공연에 주로 사용되고 있다.

대성당(Dom)은 1614년 볼프강 디트리히에 의해 건축되었다. 이 교회의 파이프오르간은 유럽 최대의 것 중 하나로 6,000개의 파이프로 되어 있는데, 그 중 가장 작은 파이프는 10cm, 가장 큰 파이프는 11m에 이르며, 음색의 레지스터도 101개가 있다고 한다.

우리는 잘츠부르크 페스티벌에 와서 대축제극장이나 모차르트 음악원에서 공연되는 수준 높은 오페라나 콘서트를 보고 싶었지만 한국에서 올때 표를 구하지 못했다. 인기 있는 공연은 적어도 6개월 전에 예매하지 않으면 표를 구할 수 없기 때문이다. 그래서 할 수 없이 표가 남아있는 대성당(Dom)의 콘서트를 관람하기로 하였다.

모차르트가 오르간을 연주했던 성당으로 유명한 대성당의 건물구조는 유럽의 다른 성당과 비슷하였으나 듣던 대로 웅장한 파이프 오르간이 입구 쪽의 한 면 전체에 설치되어 있었다. 성당의 내부는 좌석이 십자가 형태로 배열되어 있었다. 합창단과 성악가들은 성당의 좌대 앞에서 공연을 하였고, 2층의 발코니에서도 오르간 연주와 독창이 있었다.

시립합창단 정도의 수준이었는데, 최선을 다해 연주하고 관객들도 경건하다고 할 정도의 자세로 감상하고 있었다. 우리나라 음악회장의 분위기와 비교하면 이들의 음악을 감상하는 태도가 부럽기만 하였다.

대성당 앞 광장(Domplatz)은 잘츠부르크 페스티벌이 처음 열렸던 곳으로, 축제기간 중 야외공연장으로 사용된다. 객석은 나무의자를 조립하여 계단식 좌석을 만들었다가 음악회가 끝나면 해체한다.

이 외에도 잘츠부르크 페스티벌 프로그램에 들어 있지는 않더라도 수없이 많은 곳에서 공연이 열린다. 우리는 대성당

오페라 「마술피리」
모차르트의 오페라 작품은 잘츠부르크 페스티벌의 단골 메뉴의 하나이다. (사진: http://www.salzburghfestival.at)

의 콘서트를 관람한 후 케이블카를 타고 호엔잘츠부르크 성으로 올라갔는데 이곳의 홀에서도 음악회가 열리고 있었다.

■ 청중의 68%가 외국인

잘츠부르크 페스티벌 기간에는 수많은 음악 애호가들이 모여든다. 2011년 축제의 경우 35일 동안 218,000명이 공연을 관람하였고 좌석의 95.8%가 채워졌다. 이 중 외국인 방문객은 68%나 된다. 관람객의 51%는 이웃 독일에서 온 사람들이었다. 취재를 위해 33개 국가에서 546명의 기자들이 프레스 센터에 등록하였고, 15개 채널의 TV와 몇 개의 영화사들 그리고 30개의 라디오 방송국이 취재를 하였다.

2015년도 잘츠부르크 페스티벌의 공연은 14곳의 장소에서 188회의 공연이 이루어졌다. 장르별로는 오페라 35회, 콘서트형 오페라 6회, 콘서트 85회, 연극 42회, 어린이를 위한 퍼포먼스 20회 등이다. 관객은 74개국에서 26만 3천 명이 방문하였다.

공연 티켓은 보통 축제 6개월 전에 예매가 마감된다. 예매는 홈페이지 http://www.salzburgfestival.at를 통해 가능하다.

티켓 현장판매는 4월부터 시작된다. 인기 있는 공연의 경우는 대개 축제 시작 여러 달 전에 표가 매진된다. 그러므로 예약하지 않고 좋은 프로그램을 보기는 하늘의 별 따기만큼 어렵다. 그러나 보통 수준의 공연인 경우에는 대체적으로 축제기간 중에 현장에서 티켓을 구입할 수 있다.

■ 감독위원회가 축제를 운영

축제를 책임지는 공식조직은 '잘츠부르크 축제재단(Salzburger Fests-pielfonds)'이다. 이 재단은 오스트리아 연방법에 의해 1950년에 설립되었다. 이 재단의 조직은 대의원회, 지도위원회, 그리고 감독위원회로 구성되어 있다.

대의원회는 축제백서와 재정보고서를 받고 감독위원회와 지도위원회에 의해 제출된 축제예산과 축제프로그램을 보고받는다.

지도위원회는 감독위원을 임명하고, 축제 프로그램과 예산 및 회계를 감독하고 승인한다. 2015년 여름 현재, 지도위원은 모두 7명으로 구성되어 있다. 이들은 대부분 보조금을 지급하는 기관을 대표하는 위원들로 구성된다. 연방정부를 대표하는 2명과 주정부, 시정부, 잘츠부르크 관광진흥재단, 모차르트 음악원 국제재단, 오스트리아 연방 극장협회가 각 1명씩 지도위원회에 참여하고 있다.

감독위원회는 축제의 조직과 운영을 책임지고 예산안을 제출하는 핵심기관이다. 감독위원회는 집행위원장 격인 총감독과 예술감독, 그리고 재

(위) 대성당 광장의 거리 공연 (아래) 모차르트를 주제로 한 독특하고 화려한 관광상품

정을 책임지는 경영감독 등 3명으로 구성되어 있다. 총감독은 라비쉬타들러 박사(Dr. Helga Rabi-Stadler)라는 여성이 1995년에 취임하여 2016년 현재까지 맡고 있다.

잘츠부르크 페스티벌을 위해 일하는 직원의 수는 모두 수천 명에 이른다. 이중 상근 직원은 200명이며, 축제가 열리는 여름기간 동안 고용되는 임시직 인원은 예술가, 행정직원, 기술진, 안내원 등 3,800명에 이른다. 잘츠부르크 축제재단은 매년 5월에 열리는 강림절축제(Whitsun)도 주관하고 있다.

■ 최고 80배까지 차이 나는 입장료

입장료는 프로그램의 내용이나 좌석의 위치에 따라 천차만별이다. 2016년도 잘츠부르크 음악제의 오페라 코지 판 튜테(Cosi Fan Tutte)는 가장 비싼 좌석이 430유로(56만원), 가장 싼 티켓은 20유로(2만 6,000원)이다.

한편 입장권 가격이 너무 비싸기 때문에 26세 이하의 젊은이들을 위해서는 2~4개의 공연 범위 내에서 공연당 우리 돈 2~3만 원 가격으로 티켓을 살 수 있는 기회가 있다.

■ 잘츠부르크의 다른 축제들

"축제는 있는 대로 즐겨라"라는 말은 오스트리아에서 아주 흔하게 듣는 격언이다. 이 말은 오스트리아의 두드러진 축제문화를 설명하는 동시에

유럽에서 가장 많은 후원금을 받는 비결

2015년도 잘츠부르크 페스티벌의 총예산은 6천 180만 유로(819억 원)에 이른다. 이중 78.2%는 자체수입으로, 21.8%는 보조금으로 충당한다〈표2〉.

잘츠부르크 페스티벌은 유럽에서 가장 많은 후원금을 받는 축제의 하나이다. 후원금은 축제예산의 21%(169억 원)를 차지하는데 여기에는 개인 기부금, 기업의 협찬금, '축제의 친구들'이 내는 후원금 등이 주종을 이룬다. 기업으로는 세계적으로 잘 알려져 있는 '네슬레', '아우디', '지멘스' 등의 회사가 협찬한다.

특이한 것은, 잘츠부르크 페스티벌을 후원하기 위한 단체인 '잘츠부르크 페스티벌의 친구들'이라는 협회가 있다. 이 협회는 1961년에 결성되었는데 매년 우리 돈으로 약 10만 원씩 납부하는 정회원이 현재 1,800명 있고, 약 100만 원씩 후원하는 후원회원이 2,000명이 있다. 세계 각국의 모차르트 애호가들이 잘츠부르크 음악제를 지원하고 있는 셈이다. 한편 이들 후원회원과 정회원들에게는 입장권 구매에 우선권이 주어진다. 우리나라에도 이러한 음악 후원자들이 많아질 때 문화 예술 분야의 발전이 앞당겨질 것으로 생각된다.

그 외 기타수입(연주홀 대관료, TV · 라디오 중계권료 등)이 11%를 차지하고 있다. 보조금은 축제예산의 21.8%를 차지하는 1천 350만 유로(179억 원)로, 이 중 40%는 연방정부가, 나머지는 주정부와 시정부가 각각 20%, 그리고 잘츠부르크 관광진흥기금에서 20%를 지원한다〈표2〉.

잘츠부르크 상공회의소가 조사한 자료에 의하면 잘츠부르크 축제가 오스트리아 경제에 미치는 파급효과는 매년 약 1억 8천만 유로(2,100억 원)에 달한다고 한다.

〈표2〉 2014년 잘츠부르크 페스티벌의 예산 및 수입 (단위 : 백만 유로)

구 분	금 액	구성비 (%)	비 고
예산총액	61.8 (819억 원)	100	자체수입 + 보조금
자체수입	48.3 (640억 원)	78.2	− 티켓 판매(46.2%) − 후원금(21%) : 스폰서, 친구들, 후원자 − 기타수입(11%) : 대관료, TV 중계권 등
보조금	13.5 (179억 원)	21.8	보조금 총액 중 −40%는 연방정부 −20%는 잘츠부르크 주정부 −20%는 잘츠부르크 시정부 −20%는 관광진흥기금에서 지원

출처 : http://www.salzburgfestivals.at

* 1유로 = 1,325원(2015년 8월 20일 현재)

변명하는 것이기도 하다(Ukich Kuhn-Hein, 2001 : 259).

잘츠부르크는 음악도시답게 일년 내내 축제와 이벤트가 끊이지 않는다. 잘츠부르크에서는 해마다 3,500회 이상의 문화 이벤트가 있다. 잘츠부르크 페스티벌 외에도 부활절 축제, 강림절 축제, 잘츠부르크 문화의 날 등이 유명하다〈표3〉.

잘츠부르크 페스티벌에서 배울 점

첫째, 지역의 역사적 인물과 설화나 전설 등 문화적 자산을 격조 높게 축제화하려는 노력이 필요하다.

대성당 안 파이프 오르간
이 성당의 파이프 오르간
은 유럽 최대로서 6,000
개의 파이프로 되어 있다.

잘츠부르크는 지역이 낳은 모차르트라는 유명한 음악가를 토대로 세계에서 가장 수준 높고 유명한 음악축제를 만들었다. 그러나 그들은 고전적 유산을 오늘날의 청중들에게 현대적 방식을 통해 전달함으로써 전통과 현대의 완벽한 조화를 추구하고 있다. 또한 모든 이벤트들을 일반 대중이 쉽게 접할 수 있도록 제공하기 위하여 젊은이들을 위한 싼 가격의 티켓 수를 늘이고 새로운 공연장소를 모색하는 등의 노력이 돋보인다.

전국의 어느 지역을 막론하고 지역이 낳은 유명인물들이 있게 마련이다. 그러나 대부분의 지방자치단체에서는, 지역이 낳은 역사적 인물과 그 유적이 지역에 대한 긍지는 심어주기긴 하지만 매년 많은 예산을 투입해서 관리해야 하는 부담스러운 유적일 뿐 이들 문화자원을 적극적으로 활용하여 문화산업으로 연결시키지 못하고 있는 실정이다.

〈표3〉 2012년도 잘츠부르크의 주요 축제 일정

축제명	기 간	홈페이지
모차르트 주간	1. 27 ~ 2. 5	http://www.mozarteum.at
부활절 축제	3. 31 ~ 4. 9	http://www.osterfestspiele-salzburg.at
강림절 축제	5. 25 ~ 5. 28	http://www.salzburgfestival.at
잘츠부르크 페스티벌	7. 20 ~ 9. 2	http://www.salzburgfestival.at
잘츠부르크 문화의 날	10.17 ~ 11. 7	http://www.salzburg.com/kulturvereinigung
가을 재즈페스티벌	10. 23 ~ 11. 4	http://www.viennaentertainment.com
모차르트 세레나데	11월 ~ 12월	http://www.mozartserenaden.at

출처 : 오스트리아 관광사무소 제공

어떤 지역이 아무리 훌륭한 문화유산을 가지고 있어도 이를 부가가치를 창출하는 문화산업으로 연결시키지 못하면 경쟁력 있는 상품이나 산업으로서가 아니라, 보호받아야 되는 문화현상일 뿐이다.

지역문화자원에 대한 산업적 접근이 성공하기 위해서는 무엇보다도 마케팅 개념의 도입이 필요하다. 문화소비에 대해 세분화된 소비집단의 심리통계를 분석하고, 소비의 거시적인 트렌드를 읽을 줄 알며, 그에 따라 경쟁력 있는 문화자원을 상품화하고, 가격 · 유통전략과 홍보 등을 통해 판매를 증대하고 고객을 만족시키는 전략 없이는 성공하기가 어렵다(홍영준 외, 2001: 28).

우리도 그 지역이 낳은 유명한 역사적 인물, 독특한 그 지방의 설화나 전설, 그 지역에서 일어난 역사적 사건 등 그 지방이 가지고 있는 문화적 자산을 활용하여 적절한 마케팅 전략을 구사한다면 그 지방만의 독특한 축제로 발전시킬 수 있을 것이다. 예컨대 전남 장성의 홍길동 축제, 경남

통영의 윤이상 음악제, 홍성의 만해 축제 등은 아직 초기 단계이긴 하지만 얼마든지 성장 가능성이 있다. 각 지방마다 그 지역만의 독특한 소재를 토대로 축제나 이벤트가 가능할 것이다.

　둘째, 적극적인 후원금 유치전략이 필요하다. 고급 공연예술이 그 본질을 잃지 않으면서 자본주의 체제 속에서 살아남으려면 영리조직의 경쟁력과 비영리조직의 공익성을 적절히 혼합함으로써 입장료 수입과 후원금을 동시에 극대화하는 방안이 강구돼야 한다. 그러나 우리의 예술문화는 아직 이런 예술 외적 인프라를 충분히 갖추고 있지 못하며, 예술인들 역시 전문적 마케팅 기법은 고사하고 예술을 상품으로 인식하는 것조차 꺼리고 있는 실정이다(김원명, 2001 : 45).

　서구에서는 기업이 문화예술 활동을 후원하는 '메세나'가 매우 활발하

대성당 광장(Domplatz)의 객석　축제 기간 중 야외공연장으로 사용된다. 객석은 나무의자를 조립하여 계단식 좌석을 만들었다가 음악회가 끝나면 해체한다.

다. 원래 메세나라는 용어는 고대 로마제국의 아우구스투스 황제의 대신으로, 당시 예술활동을 적극적으로 원조해 로마제국의 예술 부흥에 크게 기여한 마에카나스의 이름에서 유래됐지만, 현대에 와서는 1930년대 초 미국에서 지역사회에 기반을 두고 있는 사회공헌 활동의 일환으로 또는 선량한 기업시민의 의무를 수행하는 것에서 시작됐다. 특히 영국과 유럽에서는 기업의 문화예술 지원이 '스폰서십'으로 일반화됐다(임상오, 2001: 8).

잘츠부르크 페스티벌은 유럽에서 가장 많은 후원금을 받는 축제의 하나이다. 후원금은 축제예산의 21%를 차지하는데, 여기에는 개인기부금, 기업의 협찬금, 축제의 친구들이 내는 후원금 등이 주종을 이룬다.

잘츠부르크 페스티벌의 경우 기업체의 협찬 외에도 '잘츠부르크 페스티벌의 친구들'이라는 협회가 1961년에 결성되어 매년 우리 돈으로 10만 원~100만 원씩 후원하고 있다.

월드컵에서 붉은 악마들이 세계 4위를 하는 데 큰 역할을 하였듯이, 축제도 적극적인 후원자들이 필요하다. 이를 위해 가만히 앉아서 후원자들이 나타나기를 기다리기보다는 애호가를 중심으로 적극적으로 후원조직의 결성을 유도하는 노력이 필요하다.

그 외에도 금융기관과 제휴하여 '축제와 연계한 신용카드'를 개발하여 신용카드 사용실적에 따라 축제비용을 적립하거나, 할인점 등에서 영수증을 모아 지역단체 후원금으로 지원하는 제도 등을 활용하는 방법도 있을 것이다.

PLUS TIP

REFERENCE

잘츠부르크 페스티벌(Salzburger Festspiele) 홈페이지

http://www.salzburgfestival.at.

참고문헌

김성우(1995), "잘츠부르크 음악제". 『세계의 대축제』, 동아일보사.

김원명(2001), "이래야 관객이 모인다. 공연예술", 「문화도시 문화복지」 제110호, 한국문화정책개발원.

이덕희(1999), 『세기의 걸작 오페라를 찾아서』, 작가정신.

임상오(2001), "기업과 문화예술 서로 사는 길", 「문화도시 문화복지」 제101호, 한국문화정책개발원.

조성진(1996), 『오페라 감상법』, 대원사.

황영관(1999), 『유럽 음악기행 I』, 부·키.

홍영준 외(2000), 『21세기 전남문화산업 육성을 위한 문화자원의 마케팅 전략』

http://www.salzburgfestival.at.

Druck, Alpina(1999), *Salzburg.*

Salzburg Information Center(1999), *Salzburg Information.*

맥주 텐트의 웨이트리스
아줌마들 _ (사 진 제
공 : 뮌헨 관광사무소)

뮌헨 맥주 축제(Oktoberfest)

독일

● 베를린
(Berlin)

● 뮌헨
(München)

독일은 '맥주의 나라'이다. 그 중에서도 뮌헨은 6개의 유명 맥주회사가 몰려 있는 맥주의 도시이다. 매년 9월 하순에서 10월 초에 걸쳐 개최되는 맥주 축제(Oktoberfest)는 650만 명이 방문하는 세계 최대의 맥주 축제이다. 축제기간 16일 동안 맥주 소비량은 1리터짜리 550만 잔에 달하고, 축제의 경제적 효과는 1조 원에 달한다. 그러나 뮌헨 맥주 축제는 오늘날 단지 맥주를 즐기는 축제를 넘어서, 각종 퍼레이드와 공연행사를 통해 독일의 여러 지방과 세계 여러 나라의 고유 민속문화를 자랑하는 경연장이기도 하다.

■ 맥주의 도시, 뮌헨

프랑스 사람들이 포도주를 많이 마시기로 유명한 것처럼, 독일인은 맥주를 많이 마시기로 유명하다. 독일인 1인당 맥주소비량은 연간 144리터로 세계 1위이다. 맥주는 독일에서 국민적 음료로 사랑받아 왔고, 카니발, 부활절 축제, 종교 행사 등에도 빠질 수 없는 필수품이다.

그런 독일에서도 특별히 뮌헨은 '맥주의 도시'이다. 16세기 바이에른 왕국의 빌헬름 4세(Wilhelm IV)는 뮌헨에 궁정 공식 양조장인 '호프브로이 하우스'를 설치하고 1516년 4월에 '맥주 순수령(Reinheitsgebot)'을 선포했다. 그 내용은 '맥주 양조 시에 보리, 호프와 물 이외에 어떠한 재료도 넣어서는 안 된다'는 것이었다. 이때 발표된 맥주원료 순수령으로 현재까지 그 품질이 계속 유지되어 오고 있다. 현재 뮌헨은 호프브로이, 뢰벤브로이 등 유명 맥주회사 6개가 있는 독일 최대의 맥주생산지이다.

이 맥주의 도시에서 매년 9월 하순부터 10월 초까지 세계 최대의 맥주 축제가 열린다. 독일에서는 여러 곳에서 맥주 축제가 열리지만 그 중에서도 가장 유명한 것이 뮌헨 맥주 축제 '옥토버페스트(Oktoberfest)'이다.

■ 문화예술의 도시, 뮌헨

뮌헨은 독일 동남부 바이에른(Bayern) 주의 주도이다. 인구는 130만 명으로 베를린과 함부르크에 이어 독일에서 세 번째로 큰 도시이다.

6세기경 바이에른 공작이 이 지역을 다스리면서 역사가 시작되었다. 뮌헨은 12세기 이래 바이에른 왕국의 수도였으며 16세기 이후에 꽃피웠던

르네상스와 바로크, 로코코 양식의 건축물과 문화유산이 남아있는 아름다운 도시이다. 제2차 세계대전 이후에는 자동차, 항공기, 전기 및 전자산업의 선두도시로 발전하고 있다. 1972년에는 제20회 올림픽이 이곳 뮌헨에서 열렸다.

뮌헨 맥주 축제 책임자와 인터뷰 날짜보다 하루 전에 도착한 우리는, 뮌헨의 명소인 시 청사와 막시밀리안 거리를 둘러보기로 하였다. 뮌헨의 시 청사는 '신시청'이라 불린다. 하지만 사실은 약 100년 전인 1909년에 완공된 건물이다. 세월의 때가 덕지덕지 묻어 있는 고색 창연한 건물을 '신시청'이라고 부르니 기분이 이상하다.

시 청사 1층에는 각종 상점이 입주해 있어서 우리의 시청과는 상당히 다른 느낌이다. 시청이라고 상점이 입주하지 말란 법은 없다. 임대료 수입만 괜찮다면 청사의 일부를 상가로 임대하여 시의 재정에 도움을 줄 수 있지 않을까? 몇 년 전에 미국의 백악관을 방문한 적이 있었는데, 백악관 안의 기념품 가게에서 방문객들을 대상으로 각종 기념품과 비디오 테이프 등을 팔고 있던 장면이 떠올랐다. 민선 시장들이 'CEO시장'이니 '경영행정'을 외치면서 왜 우리 나름대로의 경영 아이디어를 개발하지 못하는 걸까?

뮌헨 시청사 종루 높은 곳에는 뮌헨의 명물인 인형시계가 걸려있다. 매일 11시에 인형이 작동하여 관광객을 끌어 모은다. 막시밀리안 거리는 시청앞 광장과 연결된 거리인데 세계에서 가장 세련된 거리 중의 하나이

뮌헨 올림픽 경기장 타워
제20회 올림픽이 1972년에 뮌헨에서 개최되었다. 뮌헨올림픽 공원은 오늘날 시민의 휴식처, 스포츠 및 각종 이벤트 공간으로 활용되고 있다.

다. 보행자 전용 거리로 각종 고급 상점이 들어서 있다. 상점마다 2층 베란다에는 아름다운 꽃으로 장식하여 거리의 분위기를 한결 밝고 화사하게 한다.

다음날 오전 9시에 맥주 축제장으로 쓰이는 테레지엔비제(Theresienwiese) 가까이 자리잡은 뮌헨 관광사무소 특별 이벤트팀 사무소를 찾았다. 책임자인 라인하르트 비에초렉 박사(Dr. Reinhard Wieczorek)가 우리를 반갑게 맞아주었다.

뮌헨의 보행자 천국 막시밀리안 거리 보행자 전용 거리로 고급 상점들이 들어서 있고, 상점마다 2층 난간에는 아름다운 꽃으로 장식하고 있다.

■ 뮌헨의 이미지, 맥주 축제 (Oktoberfest)

오늘날 대부분의 사람들은 뮌헨을 이야기하면 맥
주 축제를 떠올린다. 뮌헨이라는 도시의 이미지는
맥주 축제와 밀접히 연관되어 있다. 많은 사람들이
이 축제를 사랑하지만 또 다른 사람들은 비판하기
도 한다. 이 거대한 축제는 뮌헨의 일부이며, 전통
의 일부이다. 동시에 뮌헨의 경제와 도시 이미지의
일부이다.

그러나 뮌헨 맥주 축제는 오늘날 단지 맥주를 즐
기는 축제를 넘어 여러 가지 퍼레이드와 공연행사
를 통해 독일의 여러 지방과 세계 여러 나라의 고유
민속문화를 자랑하는 경연장이기도 하다.

**이벤트팀 책임자 비에초
렉 박사** 뮌헨 맥주축제
는 뮌헨 관광사무소의 특
별이벤트팀이 담당한다.

■ 200년 역사의 맥주 축제

뮌헨 맥주 축제의 기원은 1810년으로 거슬러 올라간다. 1810년 10월
12일에 당시 바이에른의 왕자 루드비히(Ludwig, 후에 루드비히 1세 왕이 됨)
와 작센의 테레제(Therese) 공주와의 결혼 축하연이 있었다.

축하연은 당시 뮌헨의 성문 밖 목초지에서 열렸는데, 이 축하연에는 뮌
헨 시민들도 다수 초대되었다. 축하연이 열렸던 장소는 신부의 이름을 따
서 '테레지엔비제(Theresienwiese)'라고 이름을 붙였다. 독일어로 비제
(Wiese)라는 말은 목초지(초원)를 뜻하는데, 오늘날 맥주 축제를 이 지역

토박이들이 비즌(Wiesn)이라고 부르는 이유이다. 오늘날 맥주 축제가 열리는 장소는 바로 그 옛날 루드비히 왕자의 결혼 축하연이 열렸던 곳이다.

축하연이 끝날 무렵 왕실가족이 모두 참석한 가운데 승마대회가 열렸고, 바이에른 사람들이 이를 축하해주었다. 다음 해에도 이 승마대회를 열자고 결정하였는데 이리하여 옥토버페스트가 탄생한 것이다.

다음 해인 1811년에 경마대회와 함께 제1회 농업축제가 개최되었는데, 이는 바이에른 주의 농업수준을 높이기 위한 특별한 목적의 전시회였다. 원래는 단순한 승마경주로 시작하였으나 곧 즐거운 맥주 파티 모임으로 성격이 변화되었고, 따라서 자연히 승마경주는 사라지게 되었다.

처음에는 매우 소박한 축제였으나 사람들이 점차 모이게 되자 1818년에 회전목마와 그네가 나타나게 되었다. 조그마한 맥주 매점들이 방문객

맥주 축제장의 놀이시설
축제장의 3분의 1은 테마파크처럼 꾸며지고 각종 놀이시설과 롤러코스터 등 탈 거리가 설치되어 있다. (사진 제공 : 뮌헨 관광사무소)

의 인기를 끌게 되자 그 수는 급격히 늘어났다. 1896년부터는 양조회사들의 협조를 받아 기업형 대형 텐트가 세워지게 되었다.

부모를 따라오는 어린이가 늘어나게 되자, 점차 축제장의 한쪽은 서커스나 각종 놀이시설 등이 점령하게 되었다. 오늘날 옥토버페스트는 어른들만의 축제가 아니다. 축제장의 3분의 1은 테마파크처럼 꾸며지고, 여기에는 각종 놀이시설과 롤러코스터 등 탈 거리가 설치된다.

축제는 전쟁기와 콜레라가 유행하던 시기를 빼고는 지속되어 왔다. 그리하여 2015년도에는 제182회 맥주 축제가 개최되었다.

■ 16일 동안 휴일을 여섯 번 포함시키는 방법

옥토버페스트란 번역하자면 '10월 축제'라는 뜻이다. 그러나 사실은 9월 하순에서 10월 초순에 걸쳐 개최된다〈표1〉.

매년 9월 세 번째 토요일에 개막하여 10월 첫 번째 일요일에 폐막하게 되는데, 축제기간을 이렇게 정할 경우 축제기간 16일 동안 주말과 일요일을 각각 세 번씩 포함하게 된다. 가장 이상적인 축제기간 선정 전략은 한

〈표1〉 뮌헨 맥주 축제의 개최시기

연도	개최기간	날짜 수
2000	9. 16(토) ~ 10. 3(화)	18일간
2002	9. 21(토) ~ 10. 6(일)	16일간
2012	9. 22(토) ~ 10. 7(일)	16일간
2015	9. 19(토) ~ 10. 4(일)	16일간

정된 기간 내에 휴일을 최대한으로 포함시키는 것이다. 뮌헨 맥주 축제가 바로 이 전략을 최대한 활용하고 있는 것이다.

그런데 〈표1〉에서 보면 2000년도의 경우는 다른 해와는 달리 일요일에 끝나지 않고 화요일까지 연장하여 18일 동안 개최하였다. 그 이유를 맥주 축제 본부에 E-Mail을 보내 문의하였더니 답장이 왔다. 토마스 콜(Thomas Kohl)이란 사람이 보낸 답장에는 2000년도의 경우 10월 2일과 3일이 휴일이어서 이틀간 연장하였다는 것이었다. 축제를 연구하면서 인터넷이 얼마나 편리한가를 항상 실감한다. 축제에 대한 온갖 정보가 인터넷에 들어 있다. 언제든지 궁금하면 물어볼 수 있고, 티켓도 인터넷으로 실시간 구입할 수 있다.

■ 126만 평에 이르는 맥주 축제장

맥주 축제장은 뮌헨 시내의 도심에서 남서쪽 가까운 곳에 있는데, 면적은 무려 103.79에이커(126만 평)나 된다.

축제장의 주요 시설물로는 뮌헨에 있는 6개 맥주회사를 비롯한 14개 맥주회사의 대형 텐트가 주요 행사장이다. 이 대형 텐트 주위로 각종 음식점, 기념품점, 각종 놀이시설, 편의시설 등 약 700개의 시설물이 들어선다.

축제장은 평소 잔디만 심어져 있는 넓은 땅인데, 전기·가스·하수배출 시설 등이 완비되어 있다. 맥주 축제가 열리지 않는 기간에는 각종 행사장소로 이용되는 곳이다.

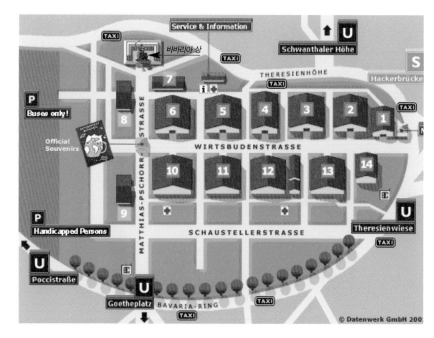

맥주축제장 126만평에 달하는 맥주축제장에는 14개 맥주회사의 대형 텐트가 세워지고, 맥주텐트 주위로 각종 음식점, 기념품점, 놀이시설, 편의시설 등 약 700개의 시설물이 들어선다.

1 ~ 14 맥주텐트

U 지하철(U-Bahnen)

S 국철(S-Bahnen)

■ 동시에 1만 명이 들어가는 거대한 맥주 텐트

축제장의 시설 설치는 면밀한 배치계획에 따라 7월 초부터 시작된다. 맨 먼저 설치하는 시설은 맥주 축제장에서 가장 중요한 맥주 텐트(beer tent)이다. 말이 텐트이지 사실은 해체를 전제로 짓는 큰 건축물이다. 가장 큰 텐트인 호프브로이하우스(Hofbräuhaus)의 경우 1만 명이 들어갈 수 있는 규모이다. 우리는 1999년 8월 5일 오전에 관광사무소를 방문하여 옥토버페스트 책임자인 비에초렉 박사와 면담한 후, 함께 맥주 텐트 건설 현장을 돌아보았는데 맥주 텐트들은 약 70%의 공정을 보이고 있었다.

맥주 텐트가 건설되고 나면 다른 구조물들이 차례로 들어서게 되어 맥

주 축제가 시작되기 직전까지 완공을 보게 된다. 이러한 시설을 계획할 때 가장 중요하게 여기는 것은 하이테크와 전통 간의 조화라고 한다. 맥주 축제장을 디자인하는 데 있어서 현대적인 기술만 생각하는 것이 아니라 전통적인 행사장 놀이시설도 중요한 고려사항의 하나라는 것이다.

맥주 텐트 건설장
주최측에서 맥주 텐트 건설장의 위치를 지정하면, 건축공사는 각 맥주 회사가 스스로 한다.

■ 화장실 수만 1,440개

그 외 편의시설로는 화장실이 1,440개나 설치되고, 국제전화가 가능한 공중전화는 83곳에 설치된다. 또 장애인을 위한 시설로 모든 맥주 텐트에는 장애인용 화장실과 의자를 준비하고 있다.

맥주축제의 원활한 진행을 위해 맥주 축제 행사장에는 관광사무소와 협조 하에 지방행정관청, 경찰서, 청소년 복지사무소, 분실물 센터, 적십자사(환자의 응급조치와 미아보호소), 세무서, 수도 및 전기공급, 소방서, 안전기준국, 은행 등 많은 기관들이 설치된다.

축제장으로 통하는 교통수단은 지하철이 가장 중요한 교통수단이다. 행사장 바로 입구에 지하철 4호선(U4)과 5호선(U5)의 테레지엔비제(Theresienwiese) 역이 있다. 국철 중앙역(Hauptbahnhof)도 행사장에서 걸어서 5분 거리에 있다. 축제장의 버스주차장에는 승용차 진입을 금지하고 있다. 승용차 주차장은 행사장으로부터 떨어진 외곽에 있고 외곽과 행사

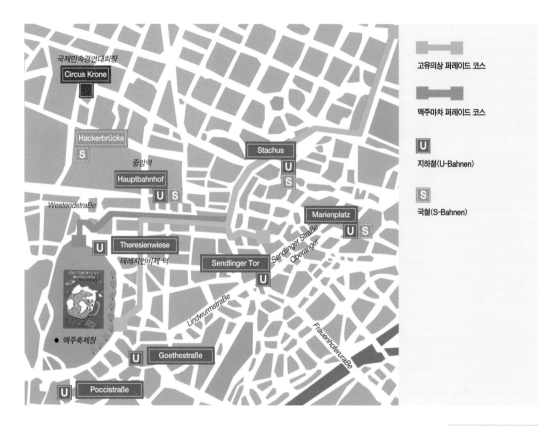

국제민속경연대회장
Circus Krone

Hackerbrücke
S

중앙역
Hauptbahnhof
U S

WestendstraBe

Stachus
U
S

Marienplatz
U S

Theresienwiese
U

테레지엔비/제 역

Sendlinger Tor
U

Sendlinger StraBe
Oberanger

Lindwurmstraße

Frauenhofenurabe

● 맥주축제장

Goethestraße
U

Poccistraße
U

고유의상 퍼레이드 코스

맥주마차 퍼레이드 코스

U
지하철(U-Bahnen)

S
국철(S-Bahnen)

맥주 축제장

장 간의 셔틀버스가 마련된다.

■ 마차에 맥주통을 가득 싣고 축제장으로

식전 행사로 먼저 맥주 마차 퍼레이드(Wiesn-Einzug der Festwirte und Brauereien)가 있다. 축제를 위해 먼저 맥주 회사들이 저마다 화려하게 치장한 마차에 맥주통을 가득 싣고 축제장으로 향한다. 맥주 텐트의 악단과 함께 천여 명이 참여하여 축제장으로 따라간다. 오전 11시에 다운타운의 존넨 거리(Sonnenstrasse)를 출발하여 축제장까지 약 45분에 걸쳐 행진하는데, 전통적으로 뮌헨 시장과 바이에른 주 장관이 이 퍼레이드를 따라간다.

12시 정각이 되면 뮌헨 시장이 축제장에서 커다란 나무망치로 맥주통 꼭지를 두들겨 넣어 마개를 따고는 "O' zapft is(마개가 열렸다)"하고 크게 소리친다. 그리고는 그 해에 첫 생산된 맥주를 높이 쳐들고 마신다. 이것이 옥토버페스트의 개막식이다.

■ 맥주잔을 높이 들고

뮌헨 시민들과 세계 각국에서 온 수많은 관광객들은 맥주 텐트로 몰려가 금방 실어온 신선한 생맥주를 맛본다. 밴드의 연주에 맞추어 노래도 부르고 춤도 추면서 음악과 노랫소리, 이야기 소리가 뒤섞여 흥겹고 떠들썩한 분위기를 연출한다. 그러다가 밴드의 리더가 건배를 선창하면 일제히 서서 맥주 잔을 높이 들고 건배를 한다. 웨이트리스 아줌마들은 1,000cc짜리 맥주 잔을 5잔 이상 팔에 드는 묘기를 자랑하며 바쁘게 움직인다. 맥주를 마시는 시간은 밤 10시 30분까지만 가능하지만, 예외적으로 새벽 1시까지 여는 텐트도 있다.

■ 7,000명이 참여하는 고유의상 퍼레이드

축제개막일 저녁 8시에는 국제민속경연대회(Folklore International im

맥주 텐트 내부 가장 큰 맥주 텐트는 1만 명이 들어갈 수 있는 규모이다. (사진 제공 : 뮌헨 관광사 무소)

Circus - KRONE-Brau)가 벌어진다. 유럽 각국에서 온 600여 명의 공연자들이 그들의 독특한 의상을 입고 음악, 노래, 무용들을 보여준다.

축제가 시작된 다음 날, 즉 일요일 오전 10시부터는 고유의상 퍼레이드(Trachten und Schützenzug)가 있다. 독일의 각 주, 프랑스, 오스트리아, 스위스 등 유럽 각국에서 온 사람들이 그들의 고유의상을 입고 퍼레이드를 벌인다.

이 행사는 루드비히 왕과 테레제 왕비의 은혼식(결혼 25주년)을 기념하여 처음으로 개최되었다. 무려 7,000여 명에 이르는 이들이 녹색 전통복장을 한 사냥꾼, 광부, 귀부인, 하녀 등으로 분장하고 다양한 전통복장과

6명의 직원이 650만 명이 방문하는 축제를 운영하는 비결

맥주축제의 운영은 180년 이상 뮌헨 시와 민속축제발전위원회가 주관하였으나 2009년부터 뮌헨시의회 경제위원회가 중요한 내용은 결정한다. 산하에 있는 특별이벤트 팀은 맥주축제를 담당하는 기구이다. 팀장을 포함한 불과 6명의 직원이 650만 명이 방문하는 이 거대한 축제를 운영하고 있다.

어떻게 그런 일이 가능할까? 그 이유는 일의 범위에 있다. 특별 이벤트팀의 가장 중요한 업무는 축제장에 입주할 회사를 선정하고 그들의 장소를 지정해주는 일이다. 나머지는 각 참여회사가 알아서 처리하게 한다.

그래도 규모가 워낙 큰 축제이니만큼 맥주 축제를 기획하고 운영하기 위해서는 일년 내내 분주하다. 10월 초순에 축제가 끝나고 시설물이 철거되면, 주최측에서는 11월에 다음 해의 축제장 입주자를 모집하는 공고를 낸다. 이 공고는 『뮌헨공보』와 축제 전문잡지 『Komet』에 신는다.

1월 말까지 입주신청이 들어오면 곧바로 입주대상자 선정작업에 들어간다. 매년 약 1,500개 회사가 응모하여, 그중 650개 회사만 참가가 허용된다.

민속음악, 댄스 등을 벌이면서 뮌헨의 다운타운을 통과하여 축제장까지 간다. 행렬의 길이는 무려 7km에 이르는 장관을 연출한다.

그 외 두 번째 일요일 낮 11시에는 바바리아상 앞에서 400여 명의 음악가들이 연주하는 야외콘서트(Standkonzert) 등의 공식행사가 있다.

■ 투명한 입주업체 선정원칙

입주업체의 선정은 공개성과 증명성의 원칙에 의해 결정된다. 이를 위해 다양한 분야의 중요 데이터를 신청업체에게 기재하게 한 뒤, 사전에 정해진 기준에 따라 평가하여 점수가 높은 업체순으로 선정한다.

축제운영상의 가장 어려운 문제는 축제에 참여하지 못한 업체의 불만이다. 따라서 선정에 따른 잡음을 없애기 위해 입주 신청서는 뮌헨 시의회의 무역산업위원회에 제출하여 최종 결정된다. 경우에 따라 축제장소 선정에 불만이 있는 회사는 검토 후 다음 해에 재조정한다.

야외 콘서트(Stand-konsert) 테레지엔비제(Theresien-wiese)의 바바리아상 앞에서 출발하는 야외콘서트에는 400여 명의 음악가들과 맥주 축제장의 밴드들이 모두 참여한다.

■ 환경친화적 축제를 위한 노력

뮌헨 시는 맥주 축제를 환경친화적 축제로 만들기 위한 노력을 기울이고 있다. 이를 위해 1991년부터 쓰레기를 줄이기 위한 여러 가지 규제를 하고 있다. 그 결과 쓰레기 배출량이 1989년의 840톤에서 1998년에는 480톤으로 40%나 감소하였다. 그 규제의 내용을 보면 다음과 같다.

• 1회용 그릇 및 포크와 나이프의 사용금지

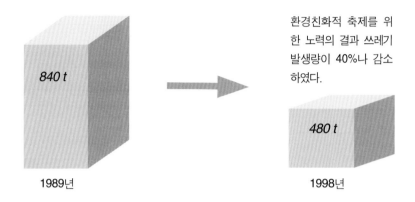

뮌헨 맥주 축제 쓰레기 발생량

840 t

환경친화적 축제를 위한 노력의 결과 쓰레기 발생량이 40%나 감소하였다.

480 t

1989년

1998년

- 소프트 드링크류는 회수용 용기에 넣어 팔아야 하며 반환예치금은 적어도 1마르크(650원) 이상이어야 함
- 캔 음료수 판매는 전면 금지함
- 음식 접시나 맥주 컵이 사용되었을 경우는 특수한 예외를 제외하고는 재사용을 위한 운반용 컨테이너를 사용할 것
- 쓰레기는 용도별로 분리하고 재활용쓰레기를 위한 분리수거 용기를 구비할 것
- 주방쓰레기와 음식물 찌꺼기는 분리수거하여 동물사료용 등 특별한 목적의 재활용 시설로 분리하여 보낼 것
- 재활용이 불가능한 쓰레기 처리를 위하여 쓰레기 압축기를 구비할 것 (관광사무소에서 압축기 11대 구비)

■ 마케팅 전략의 신천지

뮌헨 맥주 축제의 로고는 1995년에 트레이드마크로
등록하였다. 맥주 컵 두 개가 함께 웃는 모습을 형상화
하고 있다. 이는 국제공모 결과 영국 디자이너 알란 플
레처(Alan Fletcher) 씨의 당선작이다. 이 로고는 세계적
으로 잘 알려진 뮌헨 맥주 축제의 품질과 정통성을 나타낸다.
또한 맥주 축제의 문자체(word-picture)를 사용하려면 사용료
(licence-fee)를 지불해야 한다.

그 외 머그나 티셔츠, 게임, 책, 배지, 메달, 비디오, CD 등 많은 곳에서
로고를 사용한다. 맥주 축제의 로고를 사용하는 업체들은 상품의 개발과

(위) 뮌헨 맥주 축제 로고
(아래) 각양 각색의 맥주
잔 관광상품

<표2> 맥주 축제 방문객의 연령별 분포

연령	구성비(%)
6세 미만	2
6세 ~ 12세	6
13세 ~ 19세	8
20세 ~ 29세	25
30세 ~ 39세	20
40세 ~ 49세	19
50세 ~ 59세	13
60세 이상	7

자료 : 뮌헨 관광사무소 제공(2013)

<그림1> 축제 방문객의 거주지

구성비(%)

■ 뮌헨(60%)
■ 바이에른 지역(12%)
■ 그외 독일 지역(9%)
■ 외국(19%)

판매에 있어서 엄격한 품질관리를 하도록 요구받는다. 독일 내에서는 21가지 상품에 로고가 사용되며, 세계 24개 국가에 상표권이 등록되어 있다.

뮌헨 맥주축제를 홍보하기 위해 관광사무소는 연간 세계 각국에서 100회 이상의 프레젠테이션을 조직한다. 그것들은 워크숍, 언론사 홍보, 뮌헨 주간행사, 일반대중을 위한 행사, 여행사 등에 알리기 위한 행사이다. 이러한 행사는 북바이에른이나 바이에른 주, 그리고 독일관광청과 합동으로 홍보하고 있다. 인쇄물은 주요 목표시장 국가의 고객을 염두에 두고 중기 계획 아래 21개 국어로 출판되고 있다.

그러나 최근에 와서 새로운 홍보수단으로 떠오른 것이 인터넷과 SMS(Social Media Sites)이다. 인터넷의 검색엔진을 이용한 'Oktoberfest' 검색과 블로그, 페이스북, 트위트, 유튜브 등의 소셜 미디어를 활용한 홍보가 활발하다. 현재 뮌헨 맥주 축제는 독일어와 영어로 서비스되고 있다.

축제 방문객은 매년 600~700만 명에 이르고 있다. 뮌헨에 인접한 오스트리아나 스위스의 전 국민 수와 맞먹는 방문객들이 뮌헨 맥주축제를 즐기는 것이다. 남녀의 비율은 전체방문객 중 남성 55%, 여성은 45%를 차지하여 남성의 비중이 약간 높은 편이다. 연령별로는 20대가 전체의 25%를 차지하여 가장 많고, 그 다음이 30대(20%)로 나타났다〈표2〉.

방문객의 국가별 구성비를 보면 전체 방문객의 19%는 외국에서 온 사람이며, 81%는 독일 내에서 온 사람들이다. 외국인의 구성비는 이탈리아, 미국, 영국, 오스트레일리아, 오스트리아 순으로 다수를 차지하고 있다.

독일인의 경우는 뮌헨 사람이 전체 방문객의 60%를 차지할 정도로 많고 그 외에는 뮌헨 이웃 도시 또는 바이에른 주의 다른 도시에서 온 사람들과 독일의 다른 주에서 온 사람들이 비슷한 분포를 보이고 있다〈그림1〉.

〈표3〉 맥주 축제 기간 중 주요 소비량(2010)

항목	소비량
맥주	600만 잔(1리터)
닭	480,000마리
소시지	180,000줄
생선	200,000마리
염소	60마리
황소	96마리

■ 축제 방문객의 지출액만 1조 6천억 원

뮌헨 맥주 축제의 경제적 효과는 2013년 기준으로 11억 유로(1조 6천억 원)이다. 재원은 행사장 임대료가 가장 중요한 수입원으로 전체 수입의 4분의 3을 차지한다. 입주 회사들은 판매량에 따라 많이 번 회사는 더 많이 내는데 이는 행사 후에 조정한다. 그 외에는 라이센스 요금 등이 수입으로 들어온다. 지출은 주로 인건비, 쓰레기 처리비 등으로 쓰인다.

뮌헨 시 행정당국으로서는 맥주 축제를 개최함에 있어서 가이드라인을 정하고 있다. 그것은 축제경비를 충당하고 약간의 이익만 남도록 임대료를 책정하는 것이다. 그러므로 주최측에서는 가능한 한 입주업체들의 임대료를 낮추어 주려고 노력한다.

축제기간 16일 동안 650만 명이나 방문하는 맥주축제는 뮌헨과 인근지역에 엄청난 경제적 중요성을 가지고 있다.

축제기간 동안 맥주소비량은 600만 잔(1리터짜리)에 이른다. 그 외 닭 48만 마리, 소시지 18만 줄(pair), 생선 20만 마리, 염소 60마리, 황소 96

〈표4〉 뮌헨 맥주 축제의 경제적 효과(2013)

구 분	지 출 액
축제장에서의 음식, 주류, 오락 등	4.35억 유로(6,300억 원)
뮌헨과 뮌헨 주변 지역에서의 쇼핑, 교통, 식사비	2.7억 유로(3,900억 원)
호텔 숙박비	4억 유로(5,800억 원)
계	11.1억 유로(1조 6,000억 원)

* 2013년 9월 26일 기준 1유로 = 1,450원
자료 : Press Release, München

마리가 소비된다.

　방문객들이 축제장에서 음식, 맥주, 오락 등으로 지출하는 경비만 1인 당 평균 67유로(8만 9천 원)를 사용한다.

　2015년도의 경우 맥주 축제장에서 파는 1리터짜리 맥주 한 잔의 값은 9.70유로(1만 2,900원)에서 10.10유로(1만 3,400원)였다. 전문가들에 의하 면 맥주 축제로 인한 경제적 효과는 약 11억 유로(1조 6천억 원)에 이른다 고 한다. 여기에는 직접적인 경제적 효과만 포함되어 있고 소위 광고 효과 등은 고려되지 않은 수치이다. 이것을 종류별로 구분하여 보면 〈표4〉와 같다. 뿐만 아니라 맥주 축제로 지역에 미치는 고용효과는 12,000명에 이 른다.

　축제기간 중에는 뮌헨 시의 호텔은 물론이고 인근 시의 호텔까지 만원

맥주마차 맥주 축제 개 막식 날, 식전 행사로 맥 주회사들이 저마다 화려 하게 치장한 마차에 맥주 통을 가득싣고 다운타운 을 출발하여 축제장으로 향한다.

사례이다. 뮌헨에서 호텔을 구하지 못하면 자연스럽게 이웃 도시로 넘치게 된다.

축제는 다운타운에서 약간 떨어진 지역에서 열리지만, 축제기간 중에는 시내 중심상가에도 평소보다 관광객이 훨씬 많이 몰려서 매출이 올라가므로 시민들의 불평은 없다고 한다.

■ 음주 부작용, 어떻게 대비하나?

맥주 축제이므로 아무래도 음주로 인한 문제가 발생할 가능성이 있다. 주말에는 50만 명이 운집하므로 절도, 상해 및 안전 사고 등 여러 가지 문제가 발생한다. 이에 대비하여 적십자사와 앰뷸런스 등이 항상 대기하고 있다.

그러나 축제에는 흥청거림이 있다. 해야 할 일들로 꽉 찬 일상에서는 용납되지 않는 느슨함과 게으름이 허락되는 즐거운 공간이다. 그래서 '옥토버페스트'는 이 같은 '일상의 탈출'을 확인할 수 있는 현장이다(조성하, 1999). 그러므로 뮌헨 시민들도 축제기간 중에는 어느 정도 음주에 대해 너그럽게 대한다.

뮌헨 맥주 축제의 성공비결

맥주 축체의 성공비결을 말해달라는 우리의 주문에 뮌헨 관광사무소 특별 이벤트 팀장인 비에초렉 박사는 "우리는 전통을 지키면서 오늘 이 시대에 필요한 정신이 무엇인가를 항상 고민한다. 그리고 새로운 기술을 과감히 도입한다"라고 대답한다.

전통은 지키되, 끊임없이 새로운 것과의 조화를 추구하는 정신이 뮌헨 맥주 축제가 200년 가까이 전통을 유지해오면서 세계 제1의 맥주축제로 성장한 비결이라는 것이다.

뮌헨 맥주 축제에서 배울 점

첫째, 적은 노력과 비용으로 축제를 성공시킬 수 있는 아이디어 개발과 경영 마인드의 도입이 필요하다. 뮌헨 맥주 축제의 경우 주최측은 장소만 선정해주고 각 회사가 알아서 시설을 설치하고 운영하는 것이다. 그러므로 불과 6명의 직원이 650만 명이 방문하는 맥주 축제를 기획하고 운영할 수 있는 것이다 이제 우리나라도 고비용 저효율의 축제에서 저비용 고효율의 축제로 전환하지 않으면 안 된다.

둘째, 환경친화적 축제를 만들기 위한 노력을 본받을 만하다. 음식 축제는 특히 쓰레기가 많이 나온다. 뮌헨 시는 이를 규제하기 위해 1991년부터 1회용기의 사용금지, 캔 음료수 판매금지, 쓰레기의 용도별 분리수거 등 강력한 규제방안을 마련하여 시행하였다. 그 결과 쓰레기 배출량이 무려 40%나 감소하였다.

셋째, 축제를 통한 지역의 경제적 효과를 극대화할 수 있는 전략이 필요하다. 특이한 것은, 뮌헨 시 행정당국으로서는 맥주 축제를 개최함에 있어서 행사장 임대를 통해 보다 많은 이익을 남길 수 있음에도 불구하고 경비를 충당하고 약간의 이익만 남기도록 가이드라인을 정하고 있다는 점이다. 오히려 입주업체들에게 임대료를 가능한 한 낮추어 주려고 노력함으로써 싼 가격으로 맥주를 즐길 수 있게 유도한다. 결과적으로 더 많은 사람들이 축제장을 방문함으로써 시 전체에 이익이 돌아가게 하는 전략인 것이다.

축제나 이벤트를 통한 지역의 경제적 효과를 극대화하기 위해서는 개츠(Gets)의 권고처럼 ① 축제방문객들이 이벤트를 개최하는 장소나 주변지역에서 숙박을 필요로 할 만큼 장기적이거나 매력적인 이벤트를 개최하고, ② 방문객들의 구매욕구를 불러일으킬 만한 매력적인 상품을 판매하며, ③ 이벤트와 함께 다른 볼 거리들을 만들고, ④ 이벤트를 위한 스텝이나 출연진의 대부분을 그 지방사람으로 고용하며, ⑤ 상인이나 노점상 그리고 전시자들이 영업을 하도록 부스를 분양할 때 지역민에게 우선권을 주며, ⑥ 이벤트를 위한 상품의 구매시 가급적 그 지방의 공급자로부터 구매하는 것이 바람직하다.(D. Gets, 1991:304)

넷째, 여러 유형의 휘장사업을 통한 재원확보 마련책이 강구되어야 한다. 뮌헨 맥주 축제의 경우 로고를 국제적으로 공모하여, 세계 24개 국가에 등록하고 그 사용료(licence-fee)를 받고 있다. 우리의 경우도 제대로 된 로고를 만들고 이것을 통해 계속적으로 친근한 이미지를 심어주고 로고 사용료도 받을 수 있게 될 날을 기대해본다.

뮌헨 맥주 축제(Oktoberfest) 홈페이지

http://www.oktoberfest.de

참고문헌

조성하(1999), " '생맥주 천국' 서 일상을 비우고", 『동아일보』 1999. 9. 30.

Gets, D.(1991), *Festivals, Special Events and Tourism*, Van Nostrand Reinhold Co. Ltd.

http://www.munich-tourist.de/english/o.htm

http://www.oktoberfest.de

http://www.nobleman.com/deutsch/bundes/bayern.htm

Munich Tourist Office(1999), *presse-Information*.

Refert fürArbeit und Wirtschaft, München(1999), *Oktoberfest 1998*.

가면 패션 _ 베네치아 카니발의 다양한 프로그램 중에서도 단연 방문객을 사로잡는 것은 산마르코 광장과 선착장을 배경으로 펼쳐지는 우아한 가면 패션이다.

7장_지구상에서 가장 우아한 축제
베네치아 카니발(Carnevale di Venezia)

매년 2월이면 베네치아에는 카니발의 계절이 돌아온다. 세계 각국에서 온 관광객들이 부두와 산마르코 광장을 가득 메운다. 형형 색색의 가면과 환상적인 옷을 입은 사람들이 세계에서 가장 아름다운 공간의 하나인 산마르코 광장을 무대로 우아한 포즈를 취한다. 카니발 기간 중에는 누구도 그 자신의 가면을 쓰는 기쁨과, 변장한 옷을 입는 매력으로부터 도망갈 수 없다. 가면복장으로 참여하는 주민과 방문객들은 다른 사람에게는 가면복장 차림의 자신을 보여주는 동시에, 그 자신은 마스크로 얼굴을 가리고 타인의 가면복장과 행동을 지켜보는 즐거움을 누리는 것이다.

■ 바다의 도시, 베네치아

베네치아(Venezia)는 이탈리아 북동쪽에 있는 '바다의 도시'이다. 우리에게는 영어식 표기인 베니스(Venice)로 더 잘 알려져 있다. 베네치아는 세계적인 관광도시답게 언제나 수많은 관광객들로 붐빈다.

베네치아라는 도시는 묘한 매력을 지니고 있다. 베네치아에 머무는 동안 맛보는 행복감은 그 어느 도시에서 맛보는 것과 다르다. 바다를 향해 한껏 열려 있는 기분 좋은 도시, 누구나 이곳에 오면 주인공이 된 기분이다. 특히 축제기간 중의 베네치아는 실재와 비실재, 현실과 꿈 사이를 시계추처럼 오락가락 한다. 그러므로 베네치아는 그 자체가 카니발다운 도시이다. 베네치아라는 도시의 이러한 성격이 베네치아 카니발의 매력을 더해 준다.

베네치아는 117개의 섬과 150개의 운하와 400여 개의 다리로 연결되었고, 그 한가운데를 Z자 형태로 흐르는 대운하(Canal Grande)가 있다. 세계에서 유일하게 차가 다니지 않는 도시 베네치아 내부의 교통수단은 수상버스와 수상택시, 곤돌라다. 대운하에는 공공교통수단인 수상버스(Vaporetto)가 다니고, 베네치아의 상징이라고 할 수 있는 곤돌라(Gondola)는 운하를 순회하며 관람하는 관광용으로 주로 이용된다. 그러나 이곳에서 곤돌라는 단순한 교통수단이 아니라 로맨틱한 이 도시의 명물이다.

오늘날의 베네치아는 철로와 교량으로 이탈리아 본토와 연결되어 있다. 하지만 이런 것들이 만들어진 것은 20세기에 들어온 뒤였다. 그 이전까지는 어디에서 가더라도 배로 갈 수밖에 없는, 그야말로 바다 위에 떠 있는 도시였다.

■ 지중해의 여왕

　지금부터 1500여 년 전의 베네치아는 바다 위 여기 저기에 갈대만 드러나 있는 소택지에 불과하였다. 서기 452년 훈족의 침략을 피해 남하하던 베네토 지방의 사람들이 더 이상 피할 곳이 없게 되자 갈대로 덮여 있던 이곳으로 피난 와서 바다 위로 얼굴을 내민 작은 섬들을 인공적으로 조성하여 그 위에 집을 짓고 살기 시작하였다(시오노 나나미, 1996: 26). 베네치아인들은 바다의 섬과 섬, 간석지와 간석지 사이의 물이 흐르고 있는 부분을 가장 깊은 곳만 남기고 양안을 나무 말뚝이나 석재로 다져서 도시를 만들었다.

바다의 도시 베네치아
바다를 향해 한껏 열려있는 기분 좋은 도시, 누구나 이곳에 오면 주인공이 된 기분이다.

베네치아인들은 가진 것이라고는 소금과 물고기밖에 없었으므로 자연히 해양으로 진출하여 교역으로 살아갈 수밖에 없었다. 12세기경 베네치아는 해양국가로 성장하게 된다. 특히 13세기 초 제4차 십자군 원정 때 베네치아는 수송과 병참을 맡아 막대한 이익을 얻었을 뿐만 아니라, 지중해의 제해권을 장악함으로써 오리엔트와의 교역을 통해 막대한 부를 축적할 수 있게 되었다. 이리하여 베네치아는 '지중해의 여왕', '아드리아 해의 진주' 등으로 불리며 번영을 구가해왔다.

베네치아는 피렌체와 나란히 르네상스 시대를 대표하는 공화국이 되었고, 18세기 말에서 19세기 초 무렵까지의 베네치아는 음악, 연극, 미술, 출판 등 유럽문화의 중심지 구실을 하게 된다.

베네치아의 운하 베네치아는 117개의 섬, 150개의 운하와 400여개의 다리로 연결되어 있다. 사진은 베네치아 중앙을 Z자 모양으로 흐르는 대운하(Canal Grande)의 모습.

베네치아로 가는 교통수단은 여러 가지 방법이 있다. 먼저 배편을 이용하여 본토의 여러 항구에서 베네치아의 관문인 산마르코 선착장으로 가는 방법이 있다. 항공편을 이용하면 베네치아 북서쪽 본토에 있는 마르코폴로 공항에 내려서 공항 셔틀버스로 베네치아의 버스정류장까지 약 25분이면 도착할 수 있다. 열차를 이용하면 베네치아의 산타루치아 역에 도착한다. 버스나 승용차를 이용하면 본토와 베네치아 섬을 연결하는 '자유의 다리(Ponte della Libertà)'를 통하여 로마광장(Piazza Roma)까지 갈 수 있다. 버스, 승용차가 들어갈 수 있는 범위는 육지와 연결된 입구인 이곳까지로 한정되어 있다. 대개는 이곳에서 다시 배를 타고 산마르코 광장 입구 선착장으로 가게 된다.

■ 세계에서 가장 아름다운 광장, 산마르코

베네치아 카니발의 주무대는 산마르코 광장이다. 산마르코 광장(Piazza San Marco)은 일천 년에 걸친 건축의 역사가 모여 이루어낸 세계에서 가장 아름다운 도시공간이다(김석철, 1997: 187) 산마르코 광장은 이 도시의 중심이며 정치, 종교, 문화의 중심을 이루어 온 광장이다.

독일의 대문호 괴테는 그의 유명한 『이탈리아 기행』에서 베네치아와 산마르코 광장에 대해서 이렇게 표현하고 있다.

"베네치아가 다른 도시와 비교할 수 없는 독보적인 성격의 도시인 것처럼 베네치아 사람들도 새로운 유형의 인간이 되지 않을 수 없었다. 뱀처럼 구불거리는 대운하는 세계의 어떤 도로에도 손색이 없고, 세계의 어

아름다운 산마르코 광장
베네치아 카니발의 주무대는 산마르코 광장이다. 산마르코 광장은 일천 년에 걸친 건축의 역사가 쌓여 이루어낸 세계에서 가장 아름다운 도시공간의 하나이다. 산마르코 광장이란 이름은 베네치아의 수호성인인 성 마르코(마가)에서 유래한다.

떤 광장도 산 마르코 광장 앞의 공간과 상대가 되지 않는다."(괴테, 1786년 9월 29일자)

산마르코 광장이란 이름은 베네치아의 수호성인인 산마르코(San Marco)에서 유래한다. 베네치아 공화국을 상징하는 것은 신약성경 '마가복음' 의 저자인 마르코(마가)이다. 산(San)이라는 말은 이탈리아어로 성인을 뜻하는 말이다. 영어의 세인트(Saint), 불어의 생(Saint), 우리말의 성(聖)과 같은 의미이다.

마르코가 베네치아의 수호성인이 된 데에는 다음과 같은 사연이 있다. 서기 828년 트리부노와 루스티코라는 이름의 두 베네치아 상인이 이집트의 알렉산드리아에 교역차 갔다가, 어느 수도원에 모셔져 있던 마르코(마가)의 유해를 베네치아로 가져오게 된다. 이 마르코(마가)의 유골을 모셔 놓기 위해 건축한 것이 산마르코 교회이다. 마르코(마가)의 유해는 지금도 산마르코 교회의 제단 아래 모셔져 있다. 이리하여 마르코는 베네치아의 수호성인으로 모셔졌다(시오노 나나미, 1996 : 41).

■ 천년 역사의 베네치아 카니발

오늘날 카니발이라는 용어의 의미는 중세 기독교신앙(Christianity)의 출현으로부터 시작하지만, 이 카니발에는 중세 이전부터 존재하던 새해를 맞는 의식들이 포함되고 용해되어 기독교 풍토에 적응되어 온 것이다.

카니발의 근원은 중세 이전으로 거슬러 올라간다. 당시의 사회는 농업사회였고, 농업사회의 안정성은 토지의 생산과 땅의 비옥함에 크게 의존한다. 따라서 카니발은 근본적으로 농업사회의 전형적인 축제이다. 카니발의 의식은 농업사회에서 풍년을 기원하기 위해 한 해를 시작하는 시기에 모든 묵은 것과 그것들이 가져오는 악을 쫓아내는 것과 관련되어 있었다(Storti Edizioni, 1999: 39).

베네치아 카니발이 언제부터 시작했는지는 정확히 알 수 없다. 기록상에 남아 있는 최초의 축제는 1039년부터이다. 이 축제는 마리 축제(La Festa delle Maries)라 불리었다. 서기 948년에 7명의 젊은 신부가 결혼식장에서 이트리아인 해적에 의해 납치되었다가 풀려난 것을 기념하는 축제였다. 이러한 축제의 전통에 따라 오늘날도 베네치아 카니발의 개막은 마리 축제로 시작된다. 베네치아에서는 지난 천년 동안 전통적 축제의 원형을 그대로 유지해온 셈이다.

■ 카니발은 하층민의 불만을 해소하는 장치

중세에는 계급의 구분이 명확했다. 지배계급(영주와 성직귀족)과 가난하고 착취당하던 피지배층(농노)의 구분이 명확하였다. 따라서 중세의 사람들은 카니발이 일 년 내내 엄격한 지배 - 복종 관계로부터 벗어나 잠시나마 긴장을 풀 수 있는 기간이었다. 카니발 기간 동안은 모두가 동등했다. 거기에는 농노와 주인의 구분도 없었다. 도저히 넘을 수 없는 부와 사회적 계급이라는 장애물에 의해 가로막혀 있었던 사람들이 축제기간 중에는 광장에서 자유를 누릴 수 있게 되었다.

어떤 의미에서 축제는 비록 며칠에 불과하기는 하지만 현존질서가 뒤집어지는 기간이다. 농노가 주인이 되고 주인은 하인이 되는 기간이다. 예를 들어 축제기간에 축제에 참가한 사람들 중에서 카니발의 왕을 뽑게 되는데 이때 비록 짧은 기간이지만, 그리고 재미로 하는 것이기는 하지만, 농노가 왕이 될 수도 있는 기간이다. 그리고 축제행사의 재미있는 유희들은 공식적인 봉건의식과는 다른 것이고, 그들이 사용하는 언어도 세련되고 고상한 공식적 용어보다 거칠고 실제적인 일반 서민들의 용어이다.

카니발의 열광 속에서 모든 사람들은 하나로 융화된다. 카니발 기간 중에 사람들은 마음껏 먹고 마실 수 있었다. 카니발의 이런 모든 점들은 일 년 중의 특별한 기간으로 평소의 정상적인 규율을 범하는 기간이었다. 전통적으로 카니발 기간에는 비참한 조건하에서 살도록 강요당해온 피지배층의 불만을 오락을 통해서 터트릴 수 있도록 허용되었다.

카니발은 평소에 쌓였던 불만을 해소해주는 장치이다. 카니발은 항상 그래왔듯이 그 기간 중 우리로 하여금 권위를 조롱하고 비웃을 수 있도록 허용해준다. 따라서 옛날부터 전통적인 권력의 계층제가 카니발 기간 동안에는 사라졌다. 따라서 오늘날도 변장을 통해서 이탈리아와 세계의 정치적 사건들을 풍자하는 것은 카니발의 단골 메뉴의 하나이다.

엄격한 신분사회에서 잠시나마 긴장을 해소하게 함으로써 법과 질서가 정말로 위험하게 되는 것을 방지해주

공작이 되고 싶은 축제 참여자 가면과 가장은 우리들의 꿈과 감춰진 열망을 투영하는 것이기도 하다. 이 축제 참여자는 공작처럼 우아한 사람이 되고 싶은 꿈을 가지고 있는 것일까?

는 안전 밸브와 같은 역할을 하는 카니발의 이러한 측면 때문에 지배계급은 카니발을 이해심을 가지고 방관하였다(Storti Edizioni, 1999: 46).

우리나라의 경우도 이와 다르지 않다. 안동의 하회 별신굿 탈놀이도 아랫사람들이 중심이 되어 양반이나 선비들의 잘못된 점이나 사회제도의 문제점들을 트집잡아 웃음거리로 만들어 풍자하는 가운데, 아랫사람들이나 윗사람들의 차별 없이 민주적으로 평등하게 잘살 수 있는 사회를 만들어 가고자 하는 민중연극으로서 독자성을 지니고 있다(임재해, 1999:18).

■ 군주들의 후원으로 성장

14~15세기의 르네상스 시대에 들어와서 군주들은 축제와 특히 카니발에 대해 커다란 후원을 하게 되었다. 군주들의 관심은 카니발의 축하행사에 관심을 집중하게 되었고 그들은 그 기간 동안에 위대한 예술가들과 시인들을 불러들여 살롱과 궁중에서 지배층과 부자들을 위한 가면무도회를 열었다.

베네치아에서 카니발은 18세기에 와서 그 화려함과 장엄한 아름다움이 절정에 달했다. 그러나 19세기에 들어와서 산업화가 이루어지고 새로운 생활환경이 도입되면서 많은 전통적인 관습들도 사라지게 되었다. 제2차 세계대전 중에는 중단되었다가 다시 재개되었다. 하지만 베네치아 카니발이 오늘날처럼 규모가 확장되고 흥겨워진 것은 중단 없이 이어져온 전통 덕분이 아니라, 1980년대 초 이것을 되살리는 데 성공했기 때문이라는 사실을 아는 사람은 별로 없다(Ulrich Kuhn-Hein(ed.), 2001: 108).

■ 영혼을 자유롭게 하는 가면의 세계

카니발은 오락과 제한받지 않는 즐거움(gaiety)을 통해 그들의 내면 깊은 곳에서부터 영혼을 자유롭게 하는 기간이고, 억압된 두려움과 불만을 해소하는 기간이다. 그러나 엄격한 신분사회에서 맨 얼굴로 그렇게 하기는 선뜻 내키지 않았을 것이다. 따라서 그들은 자신들을 가면과 변장으로 짐짓 꾸민 표정 뒤에 숨김으로써 인간 의식의 내면과 평소에 방해받아 온 측면들을 드러내는 것이다.

가면과 가장의 세계는 신비하다. 거기에는 우리 인간성의 깊은 뿌리와 연결된 측정할 수 없는 세계가 있다. 그것은 시도해보고 참여해볼 가치가 있다. 가면은 우리를 변화시켜서 다른 사람이 되게 한다. 그것은 우리들의 억압된 꿈과 감춰진 열망을 투영하는 것이요, 심지어 우리 시대의 사람과 사건들을 풍자함으로써 사람들을 웃기는 방식이기도 하다. 그러므로 카니발에는 해학과 풍자, 유머와 위트가 넘친다.

■ 참회의 화요일까지 12일간 개최

카니발과 사순절 그리고 부활절의 관계에 대해서는 니스 카니발에서 상세히 소개하였으므로 여기서는 생략한다. 카니발은 사순절이 시작되는 수요일 이전에 끝나야 한다. 따라서 모든 카니발은 화요일에는 끝난다. 그러나 시작일은 카니발에 따라 약간의 차이가 있다. 베네치아 카니발은 대체로 참회의 화요일까지 12일간 열린다.

축제에 참여한 시민들
시민들은 축제기간 동안 여러 가지 행사에 자발적으로 참여한다. 가면의상을 입고 참가하는 사람들은 대부분 베네치아 주민들이다.

<표1> 베네치아 카니발 개최기간

개최년도	카니발 기간	비 고
2001	2. 16 (금) ~ 2. 27 (화)	12일
2002	2. 1 (금) ~ 2. 12 (화)	12일
2016	1. 23 (토) ~ 2. 9 (화)	18일

■ 산마르코 광장을 무대로 펼치는 우아한 가면 패션쇼

베네치아 카니발의 다양한 프로그램 중에서도 단연 관광객을 사로잡는 흥미거리는 산마르코 광장을 무대로 펼쳐지는 가면 패션이다. 다양한 색깔과 형태의 가면과 다른 곳에서는 결코 볼 수 없는 창의적이고 환상적인 의상을 입은 수많은 참여자들이 산마르코 광장을 돌아다니며 자신의 가면 의상을 한껏 뽐내고, 관광객들을 위해 포즈를 취해준다.

따라서 축제기간 중의 산마르코 광장은 거대하고 우아한 야외 패션쇼를 방불케한다. 어떤 사람들은 혼자서, 어떤 사람들은 두세 명 또는 6~7명이 같은 형태의 독특한 의상을 입고 산마르코 광장을 세련되게 거닌다. 특히 중세 귀족풍의 의상과 가면으로 치장한 사람들이 많고 대부분 우아하고 환상적인 분위기를 자아내는 옷차림으로 참가하고 있다. 이와 같은 베네치아 카니발의 독특한 분위기는 과거 베네치아 공화국의 영화를 의식적으로 암시하는 것이기도 하다(Ulrich Kuhn-Hein, 2001: 108).

독특한 복장을 한 참가자들이 나타날 때마다 관광객들은 사진을 찍기 위해 우르르 몰려든다. 세련된 포즈에 넋을 빼앗기고, 아름답고 창조적인 의상을 볼 때마다 마음속으로부터 탄성이 터져 나온다. 산마르코 광장의 고

고학박물관 난간에서 포즈를 취하기도 하고, 산마르코 교회와 두칼레 궁전을 배경으로, 또는 운하의 다리 위에서나, 선착장 부근에서 관광객을 위해 포즈를 취해주기도 한다. 알 듯 모를 듯, 가면 뒤에 가려진 사람은 어떤 사람일까 하는 생각은 가면을 쓴 사람을 더욱 신비하고 모호하게 만든다.

중세 귀족풍의 우아한 가면의상 베네치아 카니발의 독특한 분위기는 과거 베네치아 공화국의 영화를 의식적으로 암시하는 것이기도 하다.

■ 베네치아의 특성을 반영한 축제 테마

우리가 방문했던 2000년도 베네치아 카니발(2000. 2. 25.~3. 7.)은 '보이지 않는 도시(The invisible cities)'라는 주제를 정하였다. 이 제목은 칼비노(Italo Calvino)란 작가가 쓴 같은 제목의 책에서 따왔다. 이 책에서 마르코

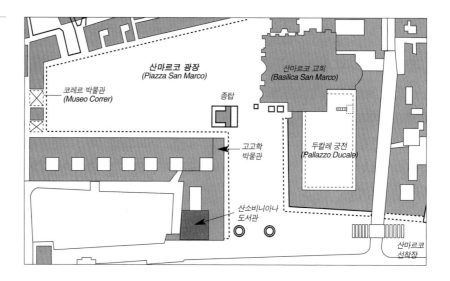

산마르코 광장 주변

코레르 박물관
(Museo Correr)

산마르코 광장
(Piazza San Marco)

산마르코 교회
(Basilica San Marco)

종탑

고고학
박물관

두칼레 궁전
(Pallazzo Ducale)

산소비니아나
도서관

산마르코
선착장

폴로가 몽고의 쿠빌라이 왕에게 그가 여행한 여러 도시에 대해서 말하면서 베네치아를 설명하는 대목에서 따온 것이다.

이러한 테마 아래 과거·현재·미래의 베네치아를 표현하는 세부 프로그램을 만들었다. 과거의 베네치아는 기억의 도시(The City of Memory)로, 현재의 베네치아는 계속되는 도시(The Continual City)로, 그리고 미래의 도시는 소망하는 도시(The City of Desire)로 정하고 프로그램에 반영하였다.

베네치아 카니발은 항상 마리 축제(La Festa delle Marie)로 시작한다. 마리 축제는 7명의 젊은 신부가 결혼식장에서 해적에 의해 납치되었다가 풀려난 것을 기념하는 행사이다. 첫날인 금요일 오후 4시에 7 명의 젊은 아가씨들이 베니스에서 가장 오래된 성당인 산피에트로 디 카스텔로(San Pietro di Castello) 교회에서 출발하여 장대한 행렬을 이루어 산마르코 광장에 도달한다. 이 거리축제에는 여러 가지 퍼포먼스와 댄스가 뒤따른다.

둘째 날인 토요일 오후에는 카니발 개막 퍼레이드(Corteo d'apertura del

〈표2〉 2000년 베네치아 카니발의 컨셉과 프로그램 구성

구분	컨셉	이벤트
과거	기억의 도시	마리 축제, 카니발 퍼레이드, 전승기념행사, 리노세로스의 도착, 가면무도회
현재	계속되는 도시	산타마가렛타 광장축제, 다인종 카니발
미래	소망하는 도시	어린이 카니발, 연극(마르코 폴로와 쿠빌라이 칸의 대화)

Carnevale)가 펼쳐진다. 수많은 사람들이 전통의상을 입고, 마스크를 쓰고, 마임을 하거나 음악을 연주하며 산마르코 광장에서 퍼레이드를 벌인다.

산마르코 광장 한쪽에 설치된 무대에서 열리는 가면무도회(Gran Ballo delle Maschere)도 빼놓을 수 없는 볼거리이다. 가면무도회가 열리면 가면을 쓰고 환상적인 의상을 입은 사람들이 오케스트라 음악에 맞춰 왈츠와 카드릴(네 사람이 한 조를 이루어 추는 댄스)을 춘다.

가면무도회가 끝나면 같은 장소에서 그 해 카니발의 '최우수 의상 선발대회(Concorso per la Maschera piùbella del Carnevale di Venezia)'가 열린다. 경연자들은 산마르코 광장에 운집한 수만 명의 관중들 앞에서 자신들의 독특한 가면과 환상적인 의상의 아름다움을 한껏 뽐내며 무대에 오른다.

축제는 산마르코 광장 외에도 여러 곳에서 벌어진다. 베네치아 시내의 여러 광장과 거리에서 축제가 벌어진다. 축제가 열리는 12일 동안 거리와 광장, 바와 식당 등에서는 수천 명의 거리예술가들과 음악가들이 사람들을

강렬한 색상의 가면 패션
가면의상 선발대회에 참여한 사람들은 산마르코 광장에 운집한 수만명의 관중들 앞에서 자신의 독특하고 아름다운 의상을 선보인다.

독특한 가면 의상
한 참가자가 화려하고 기
발한 자신의 가면의상을
한껏 뽐내고 있다. 카니발
기간의 산 마르코 광장은
야외 패션쇼장을 방불케
한다.

즐겁게 해주고 마스크를 쓰고 자발적으로 참여하는 사람들의 축하무대로 메워진다. 카니발에서는 더 이상 배우와 관객이라는 전통적인 구분이 없다. 카니발 기간 중에 개인은 사라지고 모두가 함께 축제의 주인공이 된다.

축제 마지막날인 화요일 밤에 산마르코 광장에서 벌어지는 대무도회에는 어마어마한 군중들이 모여들어 카니발의 마지막 순간까지 '광란에 가까운 환희의 상태'가 된다.

호텔이나 유명 카페에서는 부자들을 위한 디너파티나 가면무도회가 개최된다. 거리나 광장에서 이루어지는 프로그램은 모두 무료이지만, 호텔이나 카페에서 이루어지는 프로그램은 입장료가 수십만 원에 이르는 것도 있다. 게다가 복장도 자유복, 정장, 전통의상 또는 동양의상 등으로 지정하고 있는데, 그 복장을 갖추어야만 입장이 허용된다.

베네치아를 둘러 싼 여러 섬들, 특히 부라노(Burano), 무라노(Murano), 그리고 성 에라스모(Erasmo)와 리도(Lido) 섬에서는 그들의 전통적인 축제가 열린다. 본토의 메스트레(Mestre)에서는 같은 시기에 여러 가지 지방 축제와 전통 꽃차행렬이 있고 지역 음악그룹의 콘서트도 벌어진다.

■ 시민들의 자발적 참여로 카니발 되살려

베네치아 카니발은 19세기와 20세기를 거치면서 쇠퇴하였다. 그런데 베네치아 카니발이 오늘날처럼 다시 규모가 확장되고 흥겨워진 것은 1980년부터 베네치아의 극장ㆍ예술계 동호인들이 한 덩어리가 되어 본격적으로 축제를 기획하였기 때문이다.

축제조직도 과거에는 베네치아 시에서 주관하였으나 1994년부터는 '베네치아 카니발 위원회(Comitato per il Carnevale di Venezia)'라 부르는 협의회가 축제를 주관하였다. 2008년부터 베네치아 마케팅 & 이벤트 라는 이름의 공공법인에서 주관하다가, 현재는 VELLA Spa라는 이름의 공공법인에서 축제를 주관하고 있다.

축제를 실질적으로 기획하고 이끌어 가는 예술감독은 임기 3년의 선출직이다. 2016년부터 2018년까지의 베네치아 카니발은 마르코 마카파니(Marco Maccapani) 감독이 이끈다.

지난 몇 년 동안 베네치아 카니발은 엄청난 성공을 거두었다. 수십만 명의 관광객을 끌어들였고, 신문이나 방송 매체를 통해 커다란 스포트라이트를 받았다. 이러한 성공의 가장 큰 요인은

(위) 베네치아 카니발 위원장 파비오 모모(Fabio Momo)와의 인터뷰 (2000)
(아래) 독특한 복장의 축제 도우미

카니발이 이전처럼 시민들의 자발적 참여를 다시 이끌어내게 되었다는 사실에 있다.

시민들은 축제기간 동안 여러 가지 행사와 엔터테인먼트에 자발적으로 참여한다. 이 축제에 가면을 쓰고 의상을 입고 참여하는 사람들은 대부분이 베네치아 주민들로서 등록된 인원은 2,000명 정도이다. 그 중 50명 정도는 전문예술인이고 나머지는 대부분 일반 시민들이다. 베네치아에서 축제기간 중 가면을 착용하는 것은 일반화되어 있어서 심지어 가장 가난한 사람들까지도 좋은 가면을 가지고 있음을 자부심으로 느낀다.

가면 의상의 축제 방문객
한 방문객이 가면의상을 입고 동료에게 사진을 찍어주고 있다. 가면의상을 입고 참가한 방문객들은 카니발의 주연이자 관중이 된다.

■ **축제 참가자의 절반은 외국인**

베네치아는 관광으로 살아가는 도시이다. 연간 2,000만 명의 관광객이 베네치아를 찾고 있다. 카니발 기간 중에는 약 80만 명의 관광객이 베네치아를 찾고 있다. 이들 중 내국인과 외국인의 비율은 반반 정도인데 외국인 방문객은 주로 프랑스, 미국인, 이스라엘 사람들이 많이 온다. 프랑스인들이 많은 이유는 바로 이웃해 있는 나라이기도 하지만 카니발 시기가 소위 그들이 '스키방학'이라고 부르는 프랑스의 겨울방학기간이기 때문이다.

동양인 관광객 중에는 일본인이 비교적

많다. 이들 일본인 관광객들은 대부분 카니발의 기분에 동참해보고자 가면과 의상을 사 입고 삼삼오오 산마르코 광장을 돌아다니는데, 우리가 보기에는 아무래도 좀 어색해보였다. 그러나 마쯔리의 나라 일본이 아닌가? 그들의 동참의식은 자연스러운 것이리라.

산마르코 광장에 운집한 방문객들 카니발 기간 중 약 80만명의 관광객이 베네치아를 방문한다.

■ 베네치아 카니발의 경제적 효과

2013년 베네치아 카니발의 예산규모는 170만 유로(24억 3천만원)이었다. 이 중 베네치아 시와 베네치아시 산하의 카지노 등에서 부담하는 직접비용은 126만 유로(18억 원)이고, 가로 청소비, 추가적 보안비용 등을 포함한 간접비용은 44만 유로(6억 3천만 원)이었다(Santoro G.,Massiani J., 84).

세계적으로 유명한 베네치아 카니발의 예산이 24억원 규모라면 정말 경제적으로 행사를 꾸려가고 있는 셈이다.

한편 베네치아 카니발의 경제적 효과는 〈표3〉과 같다.

축제를 통해 베네치아의 마스크 상점들은 엄청난 호황을 누리고 있다. 베네치아의 마스크는 유럽 시장에서 매우 잘 알려져 있을 뿐만 아니라 높이 평가받고 있다. 좁은 골목길에 다닥다닥 붙은 마스크 가게들마다 수백 가지 형태의 다양한 마스크들이 관광객들의 눈길을 사로잡는다.

우리나라의 하회탈 가면이 언제나 같은 형태인 데 비해 이곳의 마스크들은 엄청나게 다양한 형태와 종류로 개발되고 있다. 같이간 하회탈 제작자이며 하회동 탈박물관장인 김동표 씨도 너무나 다양한 탈들을 보고 깜짝 놀라는 표정이다. 김관장은 할 수 있는 한 많은 종류의 탈을 수집하여 돌아왔다. 나중에 하회탈박물관에 들렀더니 그 중 몇 점이 전시되어 있었다.

〈표3〉 베네치아 카니발의 경제적 효과(2013)

구분	금액
관광객 지출액	29,143,000
호텔 수입 추가액	6,947,000
공공운송요원 수입	1,762,000
관광세 등 지방자치단체 수입	460,000
계	38,312,000 (548억 원)

자료 : Santoro G., Massiani J., Cost and benefits of touristicevents: an application to Venice Carnival, AlmaTourism N. 10. 2014.

■ 수준 높은 홍보물 제작

　　지난 몇 년 동안 베네치아 카니발 협회는 국제적으로 유명한 예술가들과 그래픽 디자이너들에게 카니발 포스터의 디자인을 의뢰해 왔다. 2000년도 카니발 포스터는 세계적으로 유명한 미국의 밀톤 글라서(Milton Glaser)가 디자인한 것이라고 한다. 그의 포스터에 나타난 이미지는 산마르코 종탑을 상징적으로 그리고 있는데, 카니발의 컬러풀한 별들이 쏘아올려지는 가운데 베네치아 시가 산마르코 종탑이라는 우주선에 실려 뉴밀레니엄의 우주공간으로 쏘아 올려지는 모습을 상징적으로 나타내고 있다.

　　주최측이 특별히 카니발을 위해 홍보하는 일은 없다고 한다. 그만큼 널리 알려져 있기 때문이기도 하다. 다만 3년 전에 총력이탈리아당의 당수이자 이탈리아 방송채널 1, 4 ,5의 회장인 이벨로 씨가 참가하여 카니발을 주도하였는데, TV를 통해 대대적으로 중계를 하였더니 오히려 관광객이 덜 와서 그 다음부터는 TV 중계방송은 자제한다고 하였다.

■ 베네치아의 다른 유명 축제들

베네치아 카니발 외에도 베네치아에는 국제적으로 널리 알려진 행사들이 있다. 그 중 가장 유명한 것은 2년마다 한 번씩 격년으로 개최되는 국제미술전인 베네치아 비엔날레와 매년 리도 섬에서 개최되는 베네치아 영화제이다. 그 외에도 베네치아 연중 최대 행사로 '레가타의 날' 이라고 부르는 곤돌라 축제가 있다. 9월 초에는 베네치아 국제음악제가 있다〈표4〉.

■ 이탈리아의 다른 도시에서 열리는 유명 카니발

베네치아 외에도 이탈리아에서 열리는 유명 카니발로는 다음과 같은 것들이 있다. 먼저 비아렛조(Viareggio) 카니발은 푸치니의 고장 비아렛조에서 열리는 유서 깊은 카니발로서, 베네치아 카니발과 함께 이탈리아에서 가장 유명한 카니발이다.

뿌티냐노(Putignano) 카니발은 이탈리아 남부 바리 근처에 있는 중소도시에서 열리는데, 이탈리아에서 가장 오랜 기간 동안 열리는 카니발이다. 아키레알레(Acireale) 카니발은 시칠리아 섬에서 열리는 카니발이다.

<표4> 베네치아의 다른 축제들

축제명	기간	내용
베네치아 비엔날레	홀수년, 6월 중순~11월 초순	베네치아에서 격년으로 개최하는 국제미술전, 세계 현대미술의 흐름을 주도해온 국제미술전의 하나로 꼽히며, 다양한 이념과 체제, 사상과 문화를 수용해온 것으로 유명하다.
베네치아 영화제	8월 말~9월 초	세계에서 가장 오랜 역사를 가진 영화제이다 리도 섬에서 개최된다.
곤돌라 축제	9월 첫째 일요일	'레가타의 날'이라 부른다. 곤돌라 경주와 곤돌라의 수상 퍼레이드가 이어진다.
베네치아 국제음악제	9월 초	1주일간 페니체 가극장이나 공공공원에서 개최되고, 지휘자와 오케스트라는 국내외에서 초청된다.

베네치아 카니발에서 배울 점

첫째, 지역의 독특한 자연환경과 문화적 전통을 절묘하게 조화시키는 전략이 필요하다. 베네치아 카니발은 지난 천 년 동안 마스크를 쓰고 의상을 입고 산마르코 광장을 다니는 축제의 원형을 잃지 않고 있다. 베네치아 카니발은 이탈리아의 다른 도시들에 비해 전통을 그대로 유지하고 있다. 안동 국제탈춤 페스티벌도 하회 별신굿 탈놀이라는 문화적 전통을 잘 활용한 예가 된다.

둘째, 시민들이 축제의 주체적 역할을 하고 자발적으로 참여할 수 있도록 해야 한다. 지난 몇 년 동안 베네치아 카니발이 엄청난 성공을 거둘 수

베네치아 가면 상점
좁은 골목마다 수많은 가면 가게들이 있고 가게마다 독특하고 화려한 가면들이 관광객들을 유혹하고 있다.

있었던 가장 큰 요인은, 카니발이 시민들의 자발적 참여를 다시 이끌어내게 되었기 때문이라고 한다. 축제를 더욱 풍요롭고 매력적인 것으로 만들기 위하여 자발적으로 참여하는 수많은 시민들과 민간단체들이 힘을 합쳐서 축제를 만들어 가고 있다.

셋째, 축제에 흥미와 긴장감, 그리고 참여도를 높이기 위해서는 경연방식의 도입이 필요하다. 베네치아 카니발에서는 매년 그 해의 '최우수 의상 선발대회'가 열린다. 이 대회에서 우승하기 위해 사람들은 저마다 독특하고 아름다운 가면과 의상을 준비하고 열정적으로 참여한다. 이는 마치 세계 최대의 축제인 리우 카니발에서도 그 해의 최우수팀을 가리는 경연대회 때문에 각 참가팀들이 전력을 다해 준비하고 참여하는 것과 같다. 리우 카니발을 주도하는 서민들이 기꺼이 그들의 1년 수입 대부분을 축제의상과 장비를 구입하는 데 투자하면서 1년 내내 다음 축제를 준비한다고 한다.

일본의 요사코이마쯔리의 경우에도 마찬가지여서 1년 내내 다음 축제를 위해 보통 팀당(100명 기준) 2,000만 엔이 넘는 돈을 투자한다고 한다 (한양명, 2002: 74).

지역민 경연에 덧붙여 언급하고 싶은 점은, 가능하다면 기량과 성적에 따른 리그의 편성이 중요하다는 점이다. 이러한 시스템은 현재 리우 카니발에서 채택되어 삼바 스쿨 간의 치열한 경쟁을 유발함으로써 삼바 퍼레이드의 경연 열기를 폭발시키는 원동력으로 작용하고 있다. 물론 모든 경연에서 이 방식이 도입될 수는 없다. 그리고 도입될 수 있는 연행이라도 참여자들의 기량이 일정 수준 이상이 되어야 경연 열기를 높일 수 있다. 따라서 참여자들의 기량을 증대시켜갈 수 있는 교육 시스템을 먼저 도입하는 한편, 기량의 증대에 따른 경연 동기유발을 고려해야 할 것이다.

넷째, 매력적이고 독특한 살 거리 아이템 개발이 중요하다는 점을 느낄 수 있다. 관광지나 축제장에서는 대부분 사람들의 주머니 끈이 느슨해진다고 볼 수 있다. 베네치아 카니발에서는 이러한 관광객들의 심리를 최대한 이용하여 지역 내의 가면산업을 활성화시키고 있다. 좁은 골목마다 수많은 가면가게들이 있고 가게마다 독특하고 화려한 가면들이 관광객들을 유혹하고 있다. 축제기간 동안 관광객들은 가면을 쓰고 화려한 전통의상을 입음으로써 축제의 주인공이 되고 싶어한다. 이러한 잠재적 심리가 구매행동으로 이어질 수 있는 것이다(정경훈, 2001: 159).

그러나 우리나라 지역축제의 경우 몇몇 특산물 축제를 제외하고는 살 거리 아이템이 제대로 개발되지 못하고 있다. 베네치아와는 대조적으로 안동 국제탈춤 페스티벌 현장에는 탈가게가 없다. 하회탈 등을 소재로 한 몇 가지 장식물 등은 개발되어 있으나, 대부분 전국 어느 관광지에서나 볼 수 있는 아이템들이다. 관광객들이 사서 쓰고 축제에 참여하고 싶은 욕구를 자극할 수 있는 매력적인 상품들이 개발되지 못하였고, 따라서 탈가게조차 없다. 방문객들이 탈을 쓰지 않고 탈가게가 없는 탈춤축제, 아무리 생각해 보아도 바람직한 모습은 아니다. 물론 이런저런 이유가 있을 것이다. 그러나 축제 방문객들을 축제 속으로 끌어안고 지역경제에 이바지할 수 있는 축제가 되기 위해서는 이러한 문제가 개선되어야만 할 것이다. 탈을 쓴 방문객들은 자신에게 내재된 신명을 훨씬 더 쉽게 풀어내면서 축제에 동참하고 즐길 수도 있을 것이다. 다양하고 매력적인 탈 상품을 개발하고, 탈을 쓴 방문객들에게는 공연장 입장료를 할인해주는 등 다양한 동기유발 방안도 고려해볼 필요가 있다.

PLUS TIP

베네치아 카니발 홈페이지

http://www.meetingeurope.com

REFERENCE

참고문헌

김석철(1997), 『세계 건축기행』, 창작과 비평사.

괴테 저 · 박영구 역(1998), 『괴테의 이탈리아 기행』, 푸른숲.

시오노 나나미 저 · 정도영 역(1996), 『바다의 도시 이야기』 상, 한길사.

임재해(1999), 『하회탈, 하회탈춤』, 학계문화장학재단.

정경훈(2001), 『문화이벤트 연출론』, 대왕사.

한양명(2002), "중심적 연행의 구조조정과 육성방안", 『안동 국제탈춤 페스티벌 중
　　　　　 장기 발전 계획』, 안동대학교 지역사회개발연구소.

황영관(1999), 『유럽 음악기행1』, 부 · 키.

Ulrich Kuhn - Hein(ed.) · 심희섭 역(2001), 『유럽의 축제』, 컬처라인.

Comitato per il Carnevale di Venezia(2000), *Carnevale 2000*.

http://www.meetingeurope.com

http://www.venicecarnival.com

http://www.guestinvenice.com/homeeng.asp

http://notti.it/special/carnevale/carnevale.html

Storti Edizioni(1999), *Carnival of Venice*.

Santoro G., Massiani J. (2014), *Cost and benefits of touristicevents : an
application to Venice Carnival*, AlmaTourism N. 10. 2014.

야마카사 경주 _ 일본인들은 마쯔리를 통해 자신과 자신이 속한 집단을 재확인하고 다시 태어난다.

8장_일본을 대표하는 전통 마쯔리의 하나
하카다 기온야마카사(博多祇園山笠)

규슈(九州) 북단의 도시 후쿠오카에서는 매년 여름 하카다 기온야마카사라는 축제가 열린다. 매년 7월 1일부터 시작하여 15일간 열리는 이 축제의 하이라이트는 7월 15일 새벽 4시 49분에 시작되는 오이야마(追い山) 경주이다. 시내 7개 구역의 팀들이 구시다 신사(櫛田神社)를 출발하여 약 1톤 무게의 가마를 메고 5km를 빨리 달리는 경연이다. 야마카사를 메고 달리는 이들의 일치된 눈빛과 우렁찬 함성, 그리고 이를 뒤쫓고, 물을 끼얹고, 응원하는 모든 참가자들의 열정에서 마쯔리를 통해 전달되는 엄청난 단결력과 에너지는 보는 사람으로 하여금 전율을 느끼게 한다. 그러나 알고 보면, 이 마쯔리의 '야마카사' 라는 말의 뜻은 '야마의 나라(야마국 즉 지금의 고령)로 가자' 는 뜻이라고 한다. 옛날 낙동강 유역에 살던 경상도 사람들이 바다를 건너가서 규슈 지방에 살면서 저 멀리 낙동강 중류 고향나라 야마국을 애타게 그리워하면서 행해졌던 것이 야마카사마쯔리가 태동한 기원이고 유래이다.

■ 하카다와 합쳐진 도시, 후쿠오카

하카다(博多)는 일본인들이 후쿠오카(福岡)와 혼용하고 있는 도시명이다. 후쿠오카는 원래 2개의 도시가 합쳐진 도시이기 때문이다. 즉 나카가와 강을 중심으로 서쪽에는 후쿠오카 성이 있었던 '무사의 도시'인 '후쿠오카'가 있었고, 동쪽에는 무역의 중심지였던 '상인의 도시'인 '하카다'가 있었는데, 1889년 행정개편 때 두 도시를 합친 다음 '후쿠오카'로 정식 도시명을 정하였으나 아직도 '하카다'를 혼용하고 있는 것이다. 후쿠오카는 정치·경제에서 많이 사용되며, 하카다는 사회·문화에서 주로 사용된다. 다시 말하면 전국적으로 '지역'을 표시하는 데는 후쿠오카를, 축제와 민속품 등 '지방'을 표시할 때는 하카다를 사용한다는 의미이다(한수진, 2000: 137). 또한 공항에는 후쿠오카를 사용하고, 항구와 일본 국철의 신칸센 종착역에는 하카다를 사용하고 있다.

이러한 연유에서 후쿠오카의 구시다신사(櫛田神社)의 여름 마쯔리(祭)인 야마카사(山笠)를 하카다 야마카사로 부르고 있는 것이다(따라서 하카다 야마카사는 하카다만의 것이 아니라 후쿠오카 시 전체의 마쯔리로 볼 수 있다).

일본의 대표적인 전통 마쯔리의 하나인 이 마쯔리를 보기 위해 2000년 7월 12일 김해공항을 출발, 후쿠오카에 도착하였다. 후쿠오카는 일본의 4개 섬(九州, 本州, 北海道, 四國)의 하나인 규슈(九州)에서 가장 큰 도시이며, 일본에서는 8번째 규모의 도시로서 인구는 약 120만 명이다. 우리나라와 가까운 거리에 위치하고 있어 우리에게 잘 알려져 있고 한국과 왕래가 잦은 도시이다. 우리 역시 후쿠오카를 몇 번 방문한 바 있으나 마쯔리 조사를 목적으로 한 후쿠오카 행은 처음이어서 다소의 긴장감 속에 혹스 타운(Hawks Town)의 씨 호크 호텔(Sea Hawks Hotel)에 여장을 풀었다. 하카다

후쿠오카 전경 후쿠오카
(福岡)는 일본 규슈지방
에서 가장 큰 도시로 인
구는 약 120만명이다.

만의 해안을 끼고 있는 혹스 타운은 1995년에 완공된 초대형 스포츠 · 레
저 · 휴양시설단지이다. 일본 최초의 개폐식 야구장인 후쿠오카 돔을 비롯
하여 씨 호크 호텔, 컨벤션센터, 쇼핑센터를 하나로 연결해놓은 곳이다.
특히 우리들이 투숙한 씨 호크 호텔은 일본인들 사이에서도 후쿠오카 방문
시 한 번쯤 묵고 싶은 호텔 1위로 꼽히는 곳이라고 한다(한수진, 2000:
149).

이곳 후쿠오카 돔 입구에는 벌써 10여 m가 훨씬 넘어 보이는 거대한 장
식용 야마카사인 후쿠오카 돔 야마카사가 화려한 자태를 뽐내면서 마쓰리
의 분위기를 한껏 고조시키고 있다.

■ 마쯔리(祭) 천국, 일본

일본에서는 365일 어디선가 마쯔리가 열린다고 볼 수 있다. 일본은 마쯔리의 천국이다. 마쯔리는 특별한 것은 제외하고는 모두 신사(神社)의 제사이다. 마쯔리(祭)는 '마쓰루(奉る)'라는 말에서 파생된 것으로 좌우의 손을 들어 제물을 바치는 모습을 상형화한 것이다. 즉 신에 대한 경외심과 감사하는 마음, 기원 등이 표면으로 나타난 의식이 마쯔리이다(최관, 1999: 269~270 ; 박진열 외, 2000: 140 ; 김미란, 1999: 185). 따라서 마쯔리는 제사적 측면과 축제적 측면을 동시에 지니고 있다. 한국어 표기 방법도 마쯔리, 마츠리, 마쓰리 등을 혼용하고 있다.

원래 마쯔리는 고대 일본 제정일치의 입장이 반영되어 전래된 의식으로 볼 수 있다. 천왕인 신의 명령에 의해 보고를 받는 면 외에 인간과 더불어 비일상의 세계를 즐기는 것으로 인식할 수 있다. 주민이 모여 신을 기쁘게 하는 여러 행사를 치르면서 생산의 풍요, 재해와 역병의 방재 등을 기원하는 것이다. 이에 따라 마쯔리는 성대함, 화려함, 북적거림, 비일상성 등의 성격이 나타나게 되었고, 동시에 보이는 축제의 장으로 변하여 온 것이다(최관, 1999: 269~270).

한편, 신과 직접 관계가 없으면서 민간신앙이나 지역 풍습에 뿌리를 둔 마쯔리도 있다. 또한 많은 사람들이 모여서 기념하거나 축하나 선전 등을 위해 개최하는 집단적인 행사도 마쯔리라고 한다. 이것이 소위 '이벤트(event) 마쯔리'라는 것이다(박전열 외, 2000: 140).

전통적 마쯔리와 이벤트 마쯔리와의 차이점은 외형적으로는 닮아 보이지만 개념적으로 완전히 다르다. 전통적 마쯔리는 참가자의 관점에서 본 주관적인 것이고, 이벤트 마쯔리는 기획자의 관점에서 본 객관적인 것이라는 차이점이 있다. 또한 이벤트는 신성성(神聖性) 내지는 종교적 의례 전반이 생략되어 있다(박전열 외, 2000: 141).

이벤트는 최근에 행정기관이나 지역 청년회 또는 지역 상공회의소가 주도하여 만든다. 거의 모두가 주민에게 연대감을 가지게 하기 위해서, 지방의 경제적 발전을 위해서, 많은 관광객을 유치하거나 상품이나 회사의 이미지 혹은 지명도를 높이기 위해 선전하는 등 주최자의 목적이 뚜렷이 나타나 있다. 이러한 이벤트형 마쯔리는 마쯔리의 기능 중 중요한 집단 내에서 자기의 정체성을 발견한다는 목적을 이룰 수 없다는 단점도 있다. 하지만 마을 주민 전체가 합심하여 자신의 고향을 널리 알리고 자신이 마쯔리에 적극적으로 참여하고 즐김으로써 성공한 마쯔리도 많다. 대표적인 예가 고치시(高知市)의 '요사코이마쯔리(よさこい祭)', '헤소마쯔리(へそ祭 : 北海道 富良野市)', '가시마 갯벌 올림픽' 등이 있다(박전열 외, 2000: 141~142).

이처럼 일본의 마쯔리를 '전통'과 '이벤트'라는 두 개의 큰 범주로 나누어 볼 수 있으나, 오늘날 일본에서는 양자의 융합과 같은 복합적 전개 양상도 나타나고 있다. 마쯔리는 사회적 산물인 만큼 그 지역사회의 문화적 변화에 따라 변화할 수 있기 때문이다(김양주, 1999: 180~181).

전통적 마쯔리의 기본 형식은 특정한 날에 신이 신전에서 나와 미코시(神輿), 즉 신을 모시는 대형 가마에 옮겨 타고 오다비쇼(御旅所:미코시를 임시 안치하는 곳)까지 행차하고 다시 안치된 곳으로 돌아오는 것이다. 일본의 신은 왕래하는 신이다. 산과 바다로부터 인간 세상으로 찾아오는 나그네이다. 인간 세상에 있는 동안 신은 휴게소라 할 수 있는 오다비쇼에 머문다. 미코시는 신이 이동할 때 타는 가마이다. 하카다처럼 고장에 따라서는 미코시를 '야마(山)'라고 부르기도 한다. 또한 '다시(山車)'라고 하여 마쯔리 때 끌고 다니는 인형, 꽃 등으로 장식된 수레를 미코시, 즉 가마 대신 이용하기도 한다. 신을 안치한 미코시의 순행, 그 자체를 절정으로 하는 마쯔리가 많고 이를 메는 젊은이들의 격정적인 움직임은 신의 뜻으로 용인된다(최관 ; 1999 : 269~270 ; 박전열 외, 2000 : 143).

이때 가마꾼이 외치는 '왔쇼이(ワッショイ)'는 한국의 고대어 '오셨다', 고대 신라어(경상도 말)의 '왔서예'에서 비롯된 것이라 한다(홍윤기, 2000 : 41~46).

일본의 많고 많은 전통 마쯔리 가운데서도 가장 대표적인 마쯔리는 도쿄의 산자마쯔리(三社祭), 교토의 기온마쯔리(祇園祭), 오사카의 텐진마쯔리(天神祭) 등 3가지를 꼽을 수 있다. 도쿄의 경우 산자마쯔리 대신 간다마쯔리(神田祭)를 대표적인 마쯔리로 보는 사람들도 있다.

■ 도시형 마쯔리의 전형, 기온마쯔리(祇園祭)

마쯔리는 그야말로 일본열도에 살기 시작한 사람들의 역사와 그 궤를 같이한다고 해도 과언이 아니다. 마쯔리는 신을 향한 인간들의 기원에서 출발하여, 초월적 존재에 대한 의존 및 그 발원이 마쯔리의 시작이라고 할 수 있기 때문이다. 특히 일찍부터 농경사회를 이루어 온 일본의 경우 천재지변으로부터의 보호와 풍작, 그리고 마을의 평안을 기원하는 의례행위는 불가결한 것이었던 셈이다. 때문에 마쯔리는 인간이 있는 곳으로 신을 부르는 행위, 그리고 신을 대접하고 자신들의 안녕을 바라며 기원을 전하는 제사적 의례행위를 출발점으로 삼게 된다. 더불어 이 신을 기쁘게 하고 신과 교류하기 위해 먹고 마시고 즐기는 행위는 바로 마쯔리가 가진 축제적 행위이며, 이를 다양하게 발달시켜간 것이다(윤상인 외, 2001: 142~143).

촌락사회에서 출발한 마쯔리의 대표적인 농촌 마쯔리는 봄, 여름, 가을 농경 사이클에 맞춘 일련의 행사에 따라 행해져 왔다. 이러한 농촌 마쯔리는 오랜 전통 속에서 변형을 거치면서 일본 사회 전역에 분포하게 된다. 이와 함께 12세기 무렵부터 일본열도 곳곳에 도시가 발달하면서 도시 마쯔리가 만들어지게 된다. 도시 마쯔리는 그 생태적 환경 때문에 전통적으로 행해져온 촌락사회의 마쯔리와는 다른 성격을 가지게 된다. 즉 전통적으로 여름에 행해져온 이들 마쯔리는 도시에 거주하는 사람들이 가장 무서워하는 질병이 창궐하는 데 대해 강한 신들의 힘으로 접근하지 못하게 하는 것이 그 목적이었다. 교토(京都)의 '기온마쯔리(祇園祭)', 오사카(大阪)의 '텐진마쯔리(天神祭)', 도쿄(東京)의 '산자마쯔리(三社祭)', 센다이(仙台)의 '센다이 다나바타마쯔리(七夕祭)' 등과 같은 것이 이에 속하는 대표적인 것들이다(윤상인 외, 2001: 143).

이상과 같은 도시 마쯔리의 기원이나 특성을 통해 하카다 기온야마카사의 역사나 성격을 보다 쉽게 이해할 수 있다. 특히 전염병 퇴치를 위한 불교적 제례가 기원이 된 교토의 기온마쯔리(祇園祭)를 먼저 살펴볼 필요가 있다.

교토의 기온마쯔리는 야사카 신사(八坂神社)의 제례로 역병이 만연했던 869년 전염병 퇴치를 위해 6미터 정도의 창을 수십 개 세운 데서 기원한 것이 그 시초라 한다. 천재나 역병 등 재난의 발생은 정치적 음모에 의해 희생된 사람이나 비명에 죽은 사람들의 영혼이 저주한 것이라고 믿었다. 그래서 그 영을 달래고 위로하여 재앙을 벗어나기 위한 제사를 드렸는데 그것이 바로 고료에(御靈會)이다. 사람들은 수많은 신, 동식물의 정령(精靈), 역병신(疫病神), 당시 비명에 죽은 영혼, 그리고 불교의 여래나 보살 등을 기원 대상으로 생각하고 역병퇴치를 기원했다. 그 후 역병이 만연할 때마다 기온고료에가 행해졌다. 그 중에서도 효과가 있다는 신이나 부처를 선정하여 제사를 드렸는데 야사카 신사의 무용(武勇)의 신인 수사노오미코토(素盞鳴命)와 기온 정사(祇園精舍)의 수호신인 고주텐노(牛頭天王)를 제신으로 하였다(박전열 외, 142~143). 9세기부터 지금까지 1천 년 이상의 역사를 지니고 역병퇴치를 기원하기 위한 도시형 마쯔리로 발달한 교토 기온마쯔리는 전 일본의 도시 마쯔리에 영향을 끼쳤다(김미란, 205). 우리들이 이제부터 살펴보고자 하는 하카다의 야마카사 역시 기온 대신(祇園大神)을 제신(祭神)으로 하는 도시형 마쯔리이다.

■ 760여 년 전통의 하카다 기온야마카사 (博多祇園山笠)

하카다 기온야마카사는 하카다 구시다 신사(櫛田神社)의 제례이다. 이미 앞에서 설명한 바와 같이 구시다 신사의 3신(大幡主神, 天照皇神, 素盞鳴命) 중 기온대신(祇園大神)인 수사노오노미코토(素盞鳴命)에 대한 봉납행사인 것이다. 전승되는 바에 의하면 1241년 성일국사 변원(聖一國師 弁圓)이 송나라에서 귀국, 하카다 주민들에게 요청하여 절에서 사용되던 연고지 없이 죽은 사람들에게 공양을 하던, 시렁(선반)인 '세가끼다나(施餓鬼棚)'를 빌려 올라

타고 역병퇴치를 위한 기도수(감로수)를 뿌리며 다녔다고 한다. 이 시령이 발전하여 야마카사(山笠)의 형태가 되었다고 한다. 한편으로는 신불(神佛) 혼유의 시대를 배경으로 이 행사가 기온 대신의 신앙과 결부된 마쯔리의 기초가 되었다고 한다. 당시 여름이 되면 역병이 성하였기 때문에 역병을 다스린다고 믿는 기온 대신을 받든 것으로 볼 수 있다(博多祇圓山笠振興會. 39). 이미 앞에서 언급한 바와 같이 도시형 마쯔리의 특성은 병마나 재액(災厄)의 퇴치를 기원하는 것이다. 하카다 야마카사 역시 이와 같은 특성을 지닌 채 760여 년 동안 전승, 발전되어 온 것으로 볼 수 있다.

■ '야마카사'란 '야마국(가야국)으로 가자'라는 뜻

그런데 우리와 함께 야마카사를 보러 갔던 봉화군청의 이문학 씨가 조선일보에 하카다 기온야마카사에 대한 짧은 글을 썼다가 한 독자로부터 다음과 같은 글을 받았다며 우리에게 알려왔다. 내용은 다음과 같다(이문학, 2002 : 145~149).

일본 고어 전문가인 박병식 교수가 쓴 『일본어의 비극(日本語の 悲劇)』이라는 저서에서 야마카사(山笠)가 의미하는 것을 다음과 같이 기술하고 있다고 한다.

옛날 낙동강 유역에는 변한의 가야족이라 불리는 여러 부족들이 살고 있었으며 흔히 육가야라고 부른다. 그 중 오늘날 고령에는 미오야마국(彌烏邪馬國)이 있었고, 또한 오늘날 김해에는 구야국(狗邪國)이 있었다. 그런데 우리나라의 가야족이 일본으로 건너가기 시작한 것은 B.C. 500년경부터라고 생각되는데, 이때의 가야족의 으뜸세력은 미오야마국에 있었으니까 일본의 규슈 일대는 야마국의 지배 아래 있었다고 볼 수 있다. 그래서 북부 규슈 지방에는 지금도 야마(邪馬)로 발음되는 지명이 많이 있다. '야마국'이 그곳에 있었기 때문일 것이다.

규슈의 하카다에는 야마카사라는 축제가 있고, '돈타쿠'라는 축제도 있는데 '돈타쿠(Dontaku)'는 일요일이라는 뜻의 네덜란드어 'Zondag'에서 유래하는 것이다. '야마카사'는 무엇일까? 야마(가야족의 부족명, 즉 한국인)라는 발음에 대해서 일본 사람들은 그 뜻도 모르고 다만 음이 같다고 해서 엉뚱하게도 산(山 - 발음 : 야마)이라는 한자를 갖다 붙였으니 이것은 엉터리 옳은 뜻일 수 없다.

그리고 '가사'는 '가자(行)'라는 고대 한국어(즉 가야족의 말, 경상도의 옛 말로 현재까지 쓰여짐)에서의 ㅈ(J)가 일본어로는 ㅅ(S)로 발음되었던 것이다.

그러니까 '가사'는 '가자'라는 뜻인데 일본인들은 이것을 모르고 그저 음이 같다고 해서 자기네 멋대로 '가사(笠)'를 갖다 붙여서 결국 산립(山笠)의 같은 음인 '야마카사'가 되기는 했으나 이 단어에 무슨 의미가 있겠는가. 즉 '산 산갓(山笠의 의미)'이 마쯔리와 무슨 관계가 있겠는가?

결국 본연의 '야마카사'라는 말의 뜻은 '야마의 나라로 가자(야마국 즉, 지금의 고령으로 가자)'를 의미하는 것이다. 그러니 매년 7월에 '고령에 가자'는 축제가 열린다고 말할 수 있다는 것이다.

낙동강 유역에 살던 경상도 사람들이 천리만리 바다를 건너가서 규슈 지방에 살면서 저 멀리 낙동강 중류의 고향나라 야마국을 애타게 그리워하면서 행해졌던 것이 야마카사마쯔리가 태동한 기원이고 유래라는 것이다.

이상과 같은 주장을 한 박병식 교수는 우연히 2, 3년 전 동경의 한 호텔 방에서 현지에서 중계되는 야마카사마쯔리의 광경을 보던 중 '천리만리 래도해(千里萬里 來渡海 : 천리 만리 바다를 건너 왔다오)'라는 깃발이 군중들

속에서 휘날리고 있음을 보고 자
신의 주장이 타당함을 재확인하
고 감격에 젖었다고 한다.

이 글을 읽고 이기백 교수의
『한국사신론』을 찾아보았더니
고령 지방에 미오야마국(彌烏邪
馬國)이 있었는데, 나중에 대가
야(大加耶)로 발전하였다고 기록
하고 있다(이기백, 67). 가야는 신
라 법흥왕 때(532년) 금관가야가
망하고, 진흥왕 때(562년)에는 대
가야가 망함으로써 고대국가로
발전하지 못한 채 소멸되었다.

구시다 신사 관람석
구시다 신사 입구에서 출
발한 가마는 신사로 들어
가 경내에 높이 세워진
청도(靑道) 깃발을 한 바
퀴 돈 다음, 5km에 이르
는 경주를 시작한다.

■ 일본 문화를 대표하는 마쯔리로 발전

하카다 야마카사는 현재 7류(七流)라 하여 7개 지역팀으로 나누어 7개
팀이 각각 가마를 제작하여 메고 달리는 경주를 벌이는 '메는 야마카사
(舁き山笠)'와 마쯔리 전반을 뒷받침해주는 12개소의 '장식 야마카사(飾
り山笠)'가 있다. 물론 마쯔리의 트레이드 마크는 '달리는 가마(追い山
笠)'인데, 이는 1687년부터 시작되었다고 한다. 여러 여건에 따라 하카다
야마카사는 쇠퇴와 부흥을 거듭했다. 제2차 세계대전 중인 1945년 6월
19일에는 대공습으로 후쿠오카는 폐허가 되었고 야마카사 역시 중지된

적도 있다.

그러나 전후 한시 바삐 폐허가 된 하카다를 복구해야겠다는 바람들이 야마카사를 부흥시키는 기폭제로 작용했다고 한다. 그리하여 1946년 전후 주택복구 행사시에는 간소한 어린이 야마카사가 행해지기도 하였고, 1949년 4월에는 하카다 기온야마카사 기성회가 결성되어 하카다 야마카사를 후쿠오카 전체의 마쓰리로 발전시켜 나가기 시작하였다. 이 기성회는 1955년부터는 하카다 기온야마카사 진흥회로 재조직되어 이 마쓰리를 주도하고 있다(博多祇圓山笠振興會, 2000: 42~43).

이 마쓰리는 차츰 일본문화를 대표하는 마쓰리로 발전, 1979년에는 국가지정 중요무형문화재가 되었고, 1980년대 이후 국내는 물론 해외 여러 곳의 문화 이벤트 행사에도 참가하여 일본 문화사절로서의 역할도 수행하고 있다.

■ 장식 야마카사(飾リ山笠 : 카자리야마카사)

원래 장식 야마카사는 메고 달리는 야마카사와 일체화된 것이었다. 그러다가 2차 대전 후 야마카사의 재홍 과정에서 메는 야마카사는 각 지역 단위팀인 '류(流:거리를 중심으로 구분한 지역단위)'에서 맡고, 장식 야마카사는 상점가 등에서 맡아 하는 것으로 되었다. 다만 최근에 와서는 3개 류(流)에서도 장식 야마카사를 세우고 있다(博多祇圓山笠振興會, 2000: 12). 장식 야마카사는 매년 7월 1일 즉, 마쓰리 첫날부터 일반에 공개된다. 메고 달리는 야마카사는 7월 10일부터 메고 달리는 리허설이 본격화되니까 마쓰리의 축제 전반은 이 장식 야마카사가 뒷받침하고 있다고 볼 수 있다.

경제적 여건이나 지역사회의 변화에 따라 장식 야마카사의 수는 매년 증감이 있으나, 해마다 10본이 넘는 장식 야마카사가 마쯔리를 빛내고 있다. 2000년에는 후쿠오카 돔에서도 참가하여 모두 12본의 장식 야마카사가 공개되었다.

장식 야마카사는 메는 야마카사보다 훨씬 높게 장식가마를 제작하는데, 큰 것은 약 15m나 되고, 작은 것은 상가의 아케이드 높이에 맞추어 7~8m 정도 된다. 사진에서 볼 수 있는 바와 같이 모든 장식 야마카사들은 가마 위에 소제를 담은 각종 인형과 집, 꽃, 나무 등의 동식물 등이 입체적으로 화려하게 장식되어 있고, 가마 앞뒤로 장식인형의 테마(標題)와 신문(神紋) 등이 부착되어 있다.

장식 야마카사 하카다 야마카사는 장식 야마카사와 메고 달리는 야마카사로 구성되어 있다. 장식 야마카사는 주로 상점가나 신사 등에서 맡아 세운다. 사진은 캐널시티(Canal City)라는 상가에 세워진 장식 야마카사이다.

■ 메고 달리는 야마카사(舁き山笠 : 카키야마카사)

1910년경 하카다에 전차궤도가 부설되자 전선 때문에 높은 야마카사는 위험하게 되어 메는 야마카사와 장식 야마카사로 분리되었다. 메는 야마카사는 현재 높이 4.5m까지로 제작되며 6개의 봉(棒) 위에 가마를 안치하고, 그 위에 장식 야마카사처럼 각종 제재를 담은 입체적 인형, 소나무 장

류지도(流地圖)

후쿠오카
국제센타

마린메세 후쿠오카

나진로(津路)

후쿠오카(福岡)선파래스

국도3호

나하천

大博通り

이惠베比수須류流

치오류
(千代流)

다이코쿠류
(大黑流)

○천정

나카수류
(中洲流)

도이류
(土居流)

히가시류
(東流)

나시류
(西流)

규시다신사
(櫛田神社)

국체도로

하카다 야마카사 7류 지도

식들로 화려하게 꾸며져 있고 그 무게는 약 750킬로그램에 달한다고 한다. 이 가마를 메는 인원은 26명이고, 가마 위에도 앞에 3명, 뒤에 2명이 올라타서 경주를 독려하고 팀의 교대 멤버를 조율한다. 따라서 가마의 실제 무게는 약 1톤에 달한다. 그러므로 1인당 약 29kg씩 배분된다고 볼 수 있다. 달리는 야마카사 뒤에 필사적으로 함께 달리는 많은 사람들을 볼 수 있는데 이들은 야마카사를 메는 교대요원인 것이다. 1인으로는 도저히 5km 거리를 달릴 수 없기 때문이다(中牧弘允, 1991 : 36).

현재 달리는 야마카사는 도로와 시가지의 주요 도로를 고려하여 7개 지역팀을 구성하는데, 이를 7류(七流)라고 한다. 팀의 구분에 류(流)를 사용하는 것은 우리에게 좀 생소할 수 있는데, 거리를 사람이 흘러가는 공간으로 보아서 류(流)라는 표현을 사용하여 거리 중심으로 지역을 구분, 7개 팀을 구성한 것이 7류(土居流, 大黑流, 東流, 中州流, 西流, 千代流, 惠比須流)라고 한다.

■ 마쯔리의 호쾌한 피날레 : 15일 새벽의 달리는 가마(追い山 笠: 오이야마)

메고 달리는 가마, 즉 오이야마 리허설을 보기 위해 7월 14일 오후 후쿠오카 시내로 나갔다. 벌써 거리에는 전통적 마쯔리 복장을 한 남자들이 오이야마가 지나갈 거리에 전통에 따라 각종 물통을 사용하여 물을 뿌리거나 길가에 비치한 큰 물통에 물을 가득 채우고 있었다. 이것은 역병퇴치를 위해 기도수(감로수)를 뿌리던 전통을 재현하는 측면도 있지만, 무더운 여름, 뜨겁게 달구어진 도로를 적셔서 오이야마가 원활히 달릴 수 있도록 뿌린다고 한다. 즉 오이야마의 윤활유인 셈이다. 그리고 요소요소에 비치한 큰 물통의 물은 구슬땀을 흘리며 무거운 오이야마를 메고 달리는 사람들의 몸을 시원하게 식혀주기 위해 뿌려줄 물이라고 한다.

마쯔리에 참가한 사람들은 어린이들로부터 나이 든 어른들까지 매우 폭넓었으나 실제 가마를 메고 달리는 이들은 대부분 청장년층으로 구성되어 있었다. 도중에 교대를 한다지만 26명이 약 1톤의 무거운 가마를 메고 5km를 달려야 하니까 이들이 중심이 되지 않을 수 없을 것이다.

오이야마에 참가한 남자들은 전통적인 마쯔리 복장을 한다. 머리에는 눈으로 흘러내리는 땀을 막고 각자의 역할을 나타내는 띠(鉢卷き)를 두르

야마카사 복장 오이야마에 참가한 남자들은 전통적인 마쯔리 복장을 한다. 머리에는 각자의 역할을 나타내는 띠를 두르고, 팀(流)의 명칭이 적힌 상의에 전통적인 훈도시 차림이다.

고, 팀(流) 명칭이 적힌 마쯔리 상의(水法被)에 폭넓은 흰 천으로 배를 감고(腹巻き), 하의 대신 전통적인 훈도시(ふんどし) 차림을 한다. 그리고 오른쪽 허리에는 모두 가마를 멜 때 사용하는 끈(舁き縄)을 차고 있다. 이 끈은 가마를 멜 때 가마의 봉에 감아줘서 미끄러지는 것을 방지하기 위한 것이다. 그리고 그 해의 당번 류의 상의는 가운처럼 좀더 길고 문양이 박힌 것으로 다른 6류와 구별된다.

'오이샤, 오이샤' 하는 우렁찬 구령과 함께 달리는 가마의 힘차고 화려한 모습이 눈에 들어온다. 주변에서 구경하는 이들은 물을 끼얹어 주기도 하고 힘찬 박수와 함성으로 격려한다. 많은 이들이 가마를 따라 함께 달린다.

야마카사 리허설
7월 10일부터 14일까지 자기 구역 내에서 이루어진다. 7월 13일 오후 3시 30분에는 일정 구간에서 7류 모두 함께 공개된다.

오이야마 리허설은 7월 10일부터 14일까지 자기 류의 구역 내에서 주로 이루어지다가, 7월 13일 오후 3시 30분에는 일정한 구간(吳服町→市廳)에서 7류 모두 함께 공개된다.

하카다 기온야마카사의 하이라이트는 7월 15일 새벽 4시 59분에 시작되는 오이야마 경주이다. 구시다 신사를 출발하여 5km를 달리는 경기인 오이야마 경주를 보기 위해 우리는 15일 새벽 2시에 숙소인 씨 호크 호텔을 나섰다. 가마의 출발지인 구시다 신사에 도착하니 벌써 길가에는 주민과 관광객들이 말 그대로 입추의 여지 없이 자리를 잡고 있었다. 신사 앞에는 사진을 찍을 자리조차 잡을 수 없어서 무척 당황하였다. 마쯔리 의상의 참가자 외에도 남녀노소들이 거리를 가득 메우고 있었는데 상당수의 여성들은 일본의 전통의상 기모노 차림이었다.

드디어 초읽기가 시작되었다. 3분 전, 2분 전, 1분 전, 30초 전, 20초 전, 10초 전, 5초 전, 그리고 큰북이 '퉁' 하고 울린다. 우렁찬 함성과 환호성과 박수소리가 터져나왔다.

구시다 신사 문 입구에서 출발한 가마는 구시다 신사로 들어가 경내에 높이 세운 깃발(淸道旗)을 한 바퀴 돈 다음 일단 정지하여 마쯔리 노래를 제창한다. 1번 가마가 출발하고 5분 간격으로 나머지 가마들이 5km 코스를 잇따라 달리면서 속도 경쟁을 한다. 오이야마가 달리는 코스를 보면 구시다 신사를 출발한 후 곧 도쪼사(東長寺)와 야마카사의 기원과 관계 깊은 조텐사(承天寺) 앞의 깃발을 한바퀴씩 돈 다음 스피드를 내기 시작하여 하카다 중심가를 지그재그로 달려 마침내 반환종점(埼間屋街)에 도착한다.

속도기록은 두 가지를 잰다. 하나는 구시다 신사에 입장하여 마당을 한 바퀴 도는 데 걸리는 시간이고, 다른 하나는 5km 코스를 주파하는 데 걸리는 시간이다. 이 마쯔리를 참가하는 동안 전자의 기록을 더 중시하는 듯한 느낌을 받았다. 우리가 참관한 2000년도 하카다 야마카사의 경우 구시다 신사 마당을 한 바퀴 도는 데 가장 빠른 팀이 31.38초 걸렸다. 2001년도는 32.44초, 2002년도는 32.66초 걸렸다고 한다.

5km 코스는 매년 경쟁에서 가장 빠른 팀이 가장 늦은 팀보다 통상 5분

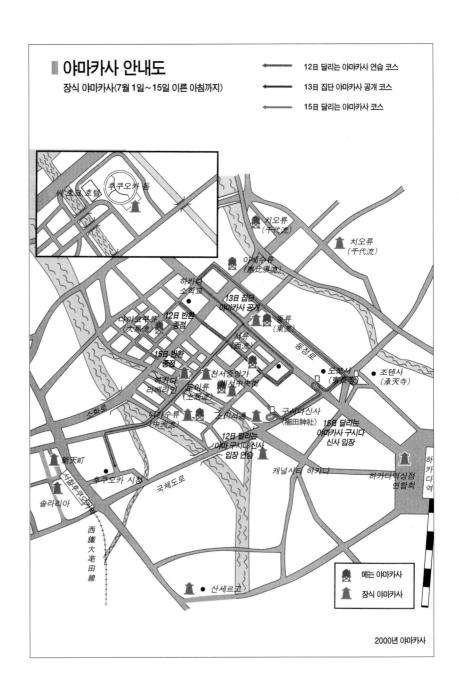

정도 앞선 30분 안팎의 시간을 기록한다. 2000년도의 경우 30분 53초에 주파한 팀이 우승하였다. 교대요원 외에도 청소년들로부터 머리가 희끗희 끗한 노인들까지 필사적으로 가마를 뒤따르며 응원하는 모습, 길가에서 달리는 남자들에게 물을 끼얹어 주며 환호하는 여성들의 모습에서 하카다 야마카사의 뜨거운 열기와 오랜 전통을 피부로 느낄 수 있었다.

하카다 기온야마카사의 성공요인

이미 앞에서 언급한 바와 같이 일본의 마쯔리는 전통적인 것과 이벤트 적이며 현대적인 것이 있다. 하카다 기온야마카사는 물론 전통적인 마쯔 리이다. 따라서 이벤트적 입장이라기보다는 전통에 따른 제의적 입장에서 이루어지는 것이기 때문에 성공한 마쯔리로 표현하는 것이 부자연스러운 면이 없지 않다.

그러나 760여 년의 전통을 지키며 일본의 대표적인 마쯔리로 자리잡은 것은 결코 쉬운 일이 아니다. 지역민들의 지속적이고 적극적인 노력 없이 는 불가능한 일이라고 생각한다. 따라서 이러한 측면에서 하카다 야마카 사의 성공요인을 찾아보고 우리들에게 주는 시사점을 찾아보기로 한다.

하카다 야마카사의 성공요인을 한마디로 요약한다면 전통적 마쯔리의 특성을 지키고, 마쯔리가 본연의 모습에 충실하였다는 점이다. 하카다 야 마카사도 760여 년 동안 수많은 변화와 변모를 거듭하였다. 그러한 가운 데서도 전통적 마쯔리가 지니고 있는 특성을 잃지 않았고, 수행해야 할 역 할과 기능에 충실하였다.

전통적 마쯔리가 지니고 있는 일반적 특성은 네 가지로 요약할 수 있는

데 그 첫째가 신성(神聖), 둘째가 일상적인 것으로부터의 탈출, 셋째가 주기성(周期性), 넷째가 집단참여(集團參與)이다(박전열 외, 2000: 140). 물론 이러한 특성은 마쯔리의 전통 속에서 축적되고 생성되어 온 것으로 볼 수 있다. 그러나 이러한 특성을 잘 지키느냐 못 지키느냐는 역시 마쯔리를 수행하는 지역민들의 몫이다.

먼저, 신성이라는 것은 마쯔리에서는 불상, 신체(神體) 또는 제사도구, 상징성을 지닌 물건들을 소중히 하고, 각각 마쯔리 고유의 관습과 규칙을 참가자들에게 지키게 한다. 제단을 깨끗이 하거나 부정을 씻는 행위를 통해 신성한 공간과 시간을 만들어내는 것을 말한다(박전열 외, 2000: 140). 즉 전통적 마쯔리는 신에 대한 봉납행사이기 때문에 신성을 잃지 않아야 한다는 것이다.

하카다 야마카사의 경우도 마쯔리의 전 과정에서 신성의 전통을 고수하고 있음을 볼 수 있다. 준비 과정에서 구시다 신사 내에서의 야마카사의 상징이라 할 수 있는 '가마 봉(棒) 씻기' 의식이라든지, 달리는 가마가 끝난 후의 '신(神)'을 진정시키기 위한 편안한 연주와 춤' 등을 그 예로 들 수 있다.

다음으로 '일상적인 것으로부터의 탈출'이란, 마쯔리 기간 중에는 일상적인 생업이나 학업에서 벗어나는 것을 의미한다. 흔히들 축제를 '일상의 전도(顚倒)'라고도 한다. 축제를 통해 일상을 비일상의 시공간으로 격리하고 세속의 삶을 일정기간 전환시킨다는 것이다. 따라서 축제의 시공간은 일상의 부정이고 정지이며, 카오스의 상태, 즉 혼돈과 무질서의 상황을 초래한다. 일시적으로 해방된 공간이 형성되는 것이다. 이는 축제가 끝나고 다시 일상의 질서로 전환될 때까지 계속된다(윤상일 외, 2001: 150). 니스, 베네치아, 리우 등 유럽과 남미 지역의 카니발에서는 이러한 특성이

야마카사 경주를 보기 위해 7월 15일 새벽 구시다 신사 앞에 운집한 지역민들　새벽 이른 시간임에도 불구하고 발디딜 틈이 없이 몰려 나온 군중들에서 하카다 야마카사의 뜨거운 열기와 오랜 전통을 느낄 수 있다.

극명하게 나타난다. 사순절을 앞두고 비일상적 행태로 세속적인 즐거움과 혼란과 열정에 휩싸이는 것이다.

일본의 마쯔리도 바로 이런 일반적인 축제의 속성과 크게 다르지 않다. 일상의 시공간을 비일상의 시공간으로 전환시킴으로써 얻게 되는 희열감, 도취감, 해방감 등이 마쯔리의 최대 매력인 동시에 바로 마쯔리의 기능과 역할이다(윤상일 외, 2001 : 150~151). 일상생활에서의 긴장과 억제가 다른 나라보다 심하다고 생각되는 일본 사회에서 축제, 즉 마쯔리는 그 분출구 역할을 단단히 하고 있는 듯하다(김양주, 1999: 161).

하카다 야마카사 기간 중에도 마쯔리와 관련된 의식, 행사, 복장 등 모든 부문에서 '일상으로부터의 일탈'을 볼 수 있다. 특히 '달리는 가마',

즉 '오이야마(追い山)'에 참가하는 남녀노소 모두에게서 느끼는 엄청난 열정은 바로 이러한 일탈성(逸脫性)의 측면에서 이해될 수 있을 것이다.

다음으로 주기성(週期性)이란, 모든 마쯔리가 한 번으로 끝나지 않고 1년, 또는 일정한 기간을 주기로 반복적으로 이루어짐을 뜻한다. 주기를 갖는다는 것은 중요한 것으로서, 반복적으로 마쯔리가 행해질 때 집단 내에서 자신의 정체성을 확인할 수 있으며, 집단의식 내지는 동료의식을 갖게 된다. 또한 주기성을 가짐으로써 마쯔리의 규칙과 관습 등이 후세에 그대로 전달되기도 한다(박전열 외, 2000: 141).

하카다 야마카사 역시 부득이한 경우를 제외하고는 1년을 주기로 계속 개최하려는 노력을 엿볼 수 있다. 1945년 6월 후쿠오카 대공습으로 시가지가 전소되어 부득이 일시 중지된 적이 있으나 전후에는 오히려 적극적으로 부흥시켜 전후 복구의 기폭제적 역할을 한 것을 볼 수 있다(博多祇園山笠振興會, 42~43).

마쯔리의 특성 중 마지막으로 '집단참여'를 들 수 있다. 즉 마쯔리에는 집단 속에서 자신의 정체성(identity)을 확인하는 중요한 기능이 있다. 엄격한 규율과 규칙 속에서 행사를 수행하다가 보면 자신이 집단 속의 일원으로 살아간다는 기쁨과 성취감을 맛볼 수 있다(박전열 외, 2000: 141).

일본인들은 마쯔리를 통해 자신과 자신이 속한 집단을 재확인하고 다시 태어난다고 해도 과언이 아니다. 지역주민의 결합을 통한 그들만의 정체성이 가장 극적으로 표현되는 시공간이 마쯔리인 것이다. 특히 하카다 야마카사처럼 신사 마쯔리는 더욱 그러하다. 신사는 바로 그 지역사회를 지켜주는 신이며, 마쯔리는 마을 공동체의 상징인 그들의 신에 대한 신앙과 존경을 모태로 하고 있다. 마쯔리는 이 지역 수호신에 대한 감사의 표현이며 그것을 통해 마을 구성원의 소속감과 정체성을 확인하게 된다(윤상인 외, 2001 : 153).

야마카사를 메고 달리는 이들의 일치된 눈빛과 우렁찬 함성, 그리고 이를 뒤쫓고, 물을 끼얹고, 응원하는 모든 참가자들의 열정에서 이 같은 일본 마쯔리의 특성을 너무나 강렬하게 전달받을 수 있다.

마쯔리를 준비하고 홍보하는 과정에는 하카다 주민들의 적극적인 참여와 후원이 따른다. 마쯔리 준비에 필요한 경비는 지역 사람들이 십시일반으로 기부한다. 이 마쯔리 기간 중에는 타 지역에 가서 직장생활을 하는 청·장년들조차 잠시 직장을 쉬고 고향에 돌아와 마쯔리에 참가한다. 그렇지 않으면 그와 그 가족들은 지역민들로부터 소외감을 느끼게 된다고 한다.

특히 여성과 어린이들의 참여와 협력도 주목할 만하다. PTA(사친회) 부인회의 지원과 하카다 민속무용협회 부인들의 홍보 등 여성들의 힘도 큰 보탬이 되고 있다. 특히 화려한 민속복장으로 하카다 야마카사의 곡에 맞춰 춤을 추며 홍보하는 모습에서 남성들의 마쯔리 속의 무시할 수 없는 하카다 여성의 색깔과 힘을 느끼게 된다.

'어린이 야마카사 교실'을 연다든지 '어린이 야마카사팀'을 구성하여 미래의 주역들에게 일찍부터 마쯔리의 전통과 특성을 전수하는 한편, 집단적 정체성을 기르는 모습도 주목할 만하다.

하카다 야마카사에서 배울 점

전통적 마쯔리인 하카다 야마카사로부터 우리의 지역축제의 나아갈 방향에 대해 많은 시사점을 얻을 수 있다고 생각한다.

첫째, 전통적 요소를 기초로 지역사회의 정체성을 확인하는 축제가 되도록 노력해야 할 것이다. 지역축제에서 채택되고 있는 소재는 다양하지만 대체로 그 지역에서 전승되어온 전통적인 요소를 기초로 하고 있다. 이는 그 지역민들의 삶과 의식 속에서 살아 숨쉬며 긴 역사 속에서 축적된 것들이다.

이러한 전통적 자원을 남에게 보여주기 위한 축제보다는 지역주민 스스로가 참여하여 즐기고 체험할 수 있는 축제가 되도록 구상하고 설계하는 것이 바람직하다. 지역민들에게조차 관심의 대상이 될 수 없는 축제, 정체성이 없는 축제는 결코 외부인들의 관심대상이 될 수 없기 때문이다.

이러한 입장에서 볼 때 일본의 마쯔리가 지니고 있는 정체성의 확인 기능은 우리 축제에 많은 시사점을 던져주고 있다. 대개의 경우 마쯔리는 그 주체집단이 가장 중심이 되는 행사를 하게 되는데, 이때 제일 중요시되는 것은 일치 단결된 정신과 힘이다. 가령 가마나 수레로 거리를 누비게 될 때 그 팀의 리더십에 따른 팀워크가 유감없이 발휘되고 확인된다. 이와 함께 부수 집단이 행하는 각종 예능이나 경기에도 이들 팀 구성원들의 결속과 의사통일은 집단의 아이덴티티를 확인하는 매체로 작용하고 있다(윤상인 외, 2001: 148~149).

둘째, 일상으로부터 벗어날 수 있는 축제, 사람들을 열광시킬 수 있는 속성을 지닌 축제를 만들어야 한다. 이미 앞에서 일본의 마쯔리나 서구의 카니발에서 사람들을 열광시키는 가장 큰 원동력을 비일상성으로 설명하였다.

그러나 우리는 축제를 손꼽아 기다리는 사람이 없는 것 같다. 혹시나 전해에 단맛을 본 이익단체나 장사꾼, 또는 뒷돈이 조금 떨어지고 큰소리칠 수 있는 관련단체 임직원이라면 몰라도, 평소에 보는 TV버라이어티쇼가 더 재미있고 HOT나 핑클의 라이브 공연이 더 짜릿한데 무엇 하러 촌스러운 지역축제에 갈 것인가. 'ㅇㅇ아가씨'보다 더 예쁜 미스코리아 대회가 생중계 되는데 말이다. 게다가 평소에 수없이 들어온 '교육적'이고 '도덕적'인 '미풍양속'의 '전통적' 축제를 지향하고 있는데 누가 이런 축제를 기다리고 즐길 것인가?

그래서 사람들을 열광시킬 수 있는 축제가 되려면 평소에 '안 하던 것', '해서는 안 되는 것', '할 수 없었던 것'을 찾아볼 필요가 있다. 사람들은 금지시킨 것을 하고 싶어한다. 축제는 내게 금지된 것 바로 그것이기 때문이다(윤상인 외, 2001 : 157~158).

일상으로부터 해방되었을 때 생기는 희열감에 모두가 열광적으로 도취되는 유명 카니발이나 마쯔리를 조금만 주의 깊게 살펴본다면, 다소 과장된 듯한 위의 주장에 깊이 공감하는 사람들이 많을 것이다. 확실히 우리 지역축제에서는 비일상성을 즐길 수 있는 속성이 부족하다. 따라서 지역민들의 관심에서도 멀어지고 있는 축제가 대부분이다.

물론 우리의 지역축제에서도 비일상성의 속성을 잘 살려 나갈 수 있는 여지가 보이는 지역축제가 없는 것은 아니다. 바닷가 갯벌 속에 온몸을 던져 새로운 경험을 즐길 수 있는 충남 보령의 대천해수욕장에서 벌어지는 머드 축제라든지, 도시에서 볼 수 없는 야생의 반딧불이를 찾아 떠나는 무주의 반딧불 축제, 탈이 지닌 익명성을 빌려 탈을 쓰고 일탈(逸脫)을 즐길 수 있는 안동 국제탈춤 페스티벌 등을 그 예로 들 수 있을 것이다. 비일상성의 속성을 통해 참가자들을 열광시킬 수 있는 한편, 그 축제만의 정체성을 맛볼 수 있는 축제, 그러한 축제만이 지역축제로 성공할 수 있을 것이다.

셋째, 다수의 지역민들이 주체적이고 직접적으로 참여하는 중심연행과 이를 수행할 수 있는 각급 단위의 지역민 조직의 활성화와 기량의 연마가 필요하다.

하카다 야마카사의 경우 7개 팀이 각각 약 1톤 무게의 가마를 26명이 메고 5km 거리를 빨리 달리는 초대형 경연이 중심연행이다. 야마카사를 메고 달리는 이들은 물론, 이를 뒤쫓고 물을 끼얹고 목이 터져라 응원하면서 마쯔리에 깊이 몰입하는 그 모습을 보기 위해 국내외에서 수많은 관광객들이 몰려드는 것이다.

그러나 우리나라 대부분의 지역축제 현장에서 느끼는 가장 큰 문제점은 지역민의 타자화와 주변적 연행의 산만한 나열이라고 할 수 있다. 다수의 지역민들을 끌어안을 수 있는 중심적 연행이 없기 때문이다. 지역민들의 주체적이고 직접적인 참여가 보장되지 않는 축제는 필연적으로 관중을 타자화 할 수밖에 없고, 축제 본연의 폭발적 해방력을 확보할 수 없다. 따라서 지역민들이 주체적으로 참여하여 집단적으로 신명을 풀어낼 수 있는 중심적 연행이 개발되어야 한다. 이런 맥락에서 일정 단위의 지역민들이 집단적으로 참여하여 겨루는 초대형의 경연이 이루어지고 이를 통해 지역성과 축제성을 확보하는 축제가 되어야 한다(한양명, 2002: 53).

물론 경연의 궁극적 목적은 성적 순위라든가 수상이 아니다. 경연을 매개로 대동정신을 재확인하고, 다함께 축제를 즐기는 데 있는 것이다. 지역민 참여형 중심연행이 중요하다고 해서 '보여주는 연행'이 불필요하다는 것은 아니다. 보여주는 연행 위주의 일원적 구조만으로는 지역축제를 성공적으로 발전시켜갈 수 없다는 뜻이다. 보여주는 연행 위주의 일원적 구조에서 탈피하여 지역민들의 대형 경연 등을 중심적 연행으로 하고, 보여주는 연행을 상호 병립시키는 이원적 구도를 도입해야 할 것이다.

축제 자체의 경쟁력은 다른 무엇보다도 중심적 연행을 원천으로 한다.

세계적으로 보았을 때 가장 성공적인 축제라고 할 수 있는 브라질의 리우 카니발, 일본의 요사코이 마쯔리 등은 모두 '삼바'와 '요사코이'라는 중심적 연행을 다수의 지역민들이 주체적이고 직접적으로 참여하는 초대형의 경연방식으로 활성화함으로써 국제적인 축제로 성장한 것이다. 리우 카니발 2001의 경우 삼바드로무의 경연에만 10여만 명이 참가하였고 스트리트 카니발과 카니발 보울, 오프 카니발까지 합치면 무려 100만 명 정도의 지역민이 주체적으로 축제에 참여하고 있다. 한편 삿포로에서 열린 요사코이마쯔리 2001의 경우, 375개 팀 38,000명이 경연에 참가하였으며 5일 동안 총 182만 5,000명이 참가하였다.

이들 축제의 구도는 단순하다. 리우 카니발은 삼바댄스, 요사코이 마쯔리는 요사코이 춤이 전부이다. 잡다한 주변적 연행의 나열도 없고 외국 팀의 공연도 없다. 지역민들이 적게는 백여 명에서 많게는 수천 명에 이르는 인원으로 한 팀을 꾸려 열광적으로 경연을 벌이거나 자족하는 것이 전부이다. 관광객들은 지역민들이 열광적으로 축제에 몰입하는 것을 보고 즐기기 위해 축제장을 찾아온다.

지역민들이 주체적이고 직접적으로 참여하는 초대형 경연 등을 축제의 중심적 연행으로 성공적으로 도입하기 위해서는 다음과 같은 점들이 깊이 검토되어야만 한다.

먼저 다수의 지역민들이 지연(地緣)과 사연(社緣, 私緣)을 바탕으로 단위를 이루어 직접 경연에 참여할 수 있도록 해야 한다. 다음으로 참여 단위를 이루는 팀은 지속적인 만남을 갖고 다음 축제를 준비하여 기량을 향상시킬 수 있는 교육 및 지원 시스템이 확립되어야 한다. 그리고 경연의 내용구성도 매우 중요하다. 지역의 전통문화적 소재를 바탕으로 한 지역 축제라 하더라도 최소한의 전통적인 요소만을 요구하고 나머지 대부분의 구성은 참여팀의 자율에 맡김으로써 동시대인들의 욕구를 충분히 반영시킬 수 있도록 배려되어야 한다.

현재 우리나라 대부분의 지역축제들 중에서 지역민 다수가 수십 개의 단위집단을 이루어 직접 참여하는 초대형의 경연을 중심적 연행으로 설정한 사례는 찾아보기 어렵다. 그렇기 때문에 대부분의 지역축제는 필연적으로 지역민들을 구경꾼으로 전락시켰고, 도대체 축제가 지역민의 삶에 기여하는 것이 무엇인가 하는 냉소적인 물음에 할 말을 찾지 못하곤 하였다.

이상과 같은 입장에서 보았을 때 하카다 기온야마카사는 우리에게 많은 점을 시사해주고 있다. 비록 전통적인 마쯔리라 하더라도 지역민들이 주체적으로 벌이는 대형 경연을 중심연행으로 삼은 이 마쯔리는 지역민들에게 지금 여기에 살아가는 맛을 체험하게 함으로써 마쯔리의 본래적 기능을 수행할 뿐 아니라, 수많은 내외 관광객들을 끌어모음으로써 지역경제적 기능도 충분히 수행하고 있다.

지역민들이 그들의 경연을 통해서 축제에 빠져드는 모습, 온 공동체가 축제로 출렁거리는 모습이야말로 가장 경쟁력 있는 축제의 본디 모습이기 때문이다(한양명, 2002: 48~89).

PLUS TIP

하카다 기온 야마카사 홈페이지 (공식 홈페이지는 없음 – 비교적 상세히 소개한 사이트)

http://www.asojuku.ac.jp/gakdat/AFTC/1net2/fukuokasites/nanaho/yamakasa/
index.htm

REFERENCE

참고문헌

김미란(1999), 『일본문화』, 형설출판사.

김양주(1999), "마쯔리와 지역사회", 『축제, 민주주의 , 지역활성화』, 새길.

박전열 외(2000), 『일본의 문화와 예술』, 한누리미디어.

윤상인 외(2001), 「일본을 강하게 만든 문화코드 16」. 나무와 숲.

이기백(1990), 『한국사신론』, 일조각.

이문학(2002), "후쿠오카 '야마카사' 축제의 유래", 『소백춘추』, 2002년 6월 호.

최관(1999), 『일본문화의 이해』, 학문사.

한수진(2000), 『일본 1 : 후쿠오카 · 아소 · 벳부 · 구마모토』, 성하출판.

한양명(2002), "중심적 연행의 구조조정과 육성방안", 남치호(외), 『안동국제탈춤페
스티벌 중장기 발전계획』, 안동대학교 안동지역사회개발연구소.

홍윤기(2000), 『일본문화백과』, 서문당.

中牧弘允 外(1991). 「日本の 祭」. 丸善株式會社.

博多祇圓山笠振光會(2000). 「博多祇圓山笠」.

재즈 공연을 기다리는 방문객들 _ 광장 계단은 자연스레 객석이 된다. 축제규모에도 불구하고 도시 전체에 걸쳐 흥겨운 축제 분위기가 넘실거린다

몬트리올 국제 재즈 페스티벌
(Festival International de Jazz de Montréal)

캐나다

밴쿠버
(Vancouver)

몬트리올
(Montréal)

몬트리올 다운타운에 늘어선 고층건물 사이로 석양이 드리우면, 축제장은 삶의 즐거움이 발산되는 하나의 작은 도시가 된다. 축제 분위기(festive spirit)가 그곳에 있는 모든 사람들을 감싼다. 사람들은 노천 카페에서 맥주 잔을 기울이며, 또는 광장의 계단에서 연인과 팔짱을 끼고 앉아 색소폰과 트럼펫의 재즈 리듬에 빠져든다. 친구나 가족과 함께 이 무대에서 저 무대로 어슬렁거리며, 아는 사람을 만나기도 하고, 때로는 새로운 친구를 만나기도 하면서, 음악을 발견하고 새로운 문화를 접한다. 이 독특한 장소에서 연주자나 관객이나 모두가 자유와 희열의 황홀경을 경험하게 된다.

■ 북미의 파리, 몬트리올

'북미의 파리'라고 불리는 몬트리올은 프랑스적 체취가 물씬 풍기는 도시이다. 불어권인 현지에서는 '몽레알(Montréal)'로 부른다. 광역 몬트리올 지역의 인구는 345만 명으로 캐나다에서 토론토 다음으로 큰 도시이다.

몬트리올이 속한 퀘벡 주는 프랑스 문화권에 속한다. 퀘벡 주 전체로는 82.1%가, 몬트리올 시의 경우는 주민의 68.6%가 불어를 모국어로 사용한다. 그런데 퀘벡 시에서는 영어가 거의 통하지 않는 반면에 몬트리올에서는 영어도 잘 통한다. 통계에 의하면 몬트리올 주민의 49%가 불어와 영어를 동시에 말할 줄 안다고 한다.

몬트리올의 7월 평균기온은 20.8℃로 기분 좋은 온도이며, 1월 평균기온이 -10.3℃로 매우 추운 편이다. 가장 기록적인 추위로는 1957년 1월 15일에 -37.8℃까지 내려간 적도 있다고 한다.

■ 매년 6월 마지막 목요일에 시작하여 11일간 개최

몬트리올에서는 연간 40회 이상의 페스티벌과 국제적 이벤트가 개최되고 있다. 그 중 몬트리올 국제 재즈 페스티벌(Festival International de Jazz de Montréal)은 매년 여름 6월 마지막 목요일에 시작하여 11일간 열린다. 따라서 끝나는 날은 항상 일요일로 되어 있다. 다만 7월 1일이 목요일이나 수요일인 경우에는 7월 1일에 시작한다. 따라서 〈표1〉에서 보는 바와 같이 1999년의 경우에는 수요일에 시작되어 일요일까지 12일간 개최되었다.

<표1> 몬트리올 국제 재즈 페스티벌의 개최시기

개최년도	개최시기	기간
1999	7. 1(목) ~ 7. 11(일)	11일간
2000	6. 29(목) ~ 7. 9(일)	11일간
2001	6. 28(목) ~ 7. 8(일)	11일간
2002	6. 27(목) ~ 7. 7(일)	11일간
2015	6. 26(목) ~ 7. 5(일)	10일간

■ 다운타운은 거대한 재즈 카페로 변신

해마다 이 기간 중 몬트리올의 다운타운은 거대한 재즈카페로 변한다. 특히 플라스 데 자르(Place des Arts)를 중심으로 장망스 거리(rue Jean-Mance), 생위르벵 거리(rue Saint-Urbain), 생카트린느 거리(rue Saint-Catherine), 그리고 메조뇌브 대로(Boulevard de Maisonneuve)는 교통이 통제되고, 거리와 광장 곳곳에 야외무대가 설치되어 4각 블록 전체가 축제장으로 변한다.

■ 갈수록 뜨거워지는 몬트리올 국제 재즈 페스티벌의 열기

몬트리올 국제 재즈 페스티벌은 세계의 다른 유명 축제에 비해 비교적 역사가 짧지만 그 열기는 갈수록 뜨거워지고 있다. 1980년에 개최된 제1회 국제 재즈 페스티벌에는 불과 12,000명의 관객이 방문하였다. 그러던

야외 공연무대 거리와 광장 곳곳에 야외무대가 설치되어 사각 블록 전체가 축제장으로 변한다.

것이 해가 갈수록 인기를 끌어 1985년에는 30만 명, 1989년에는 100만 명이 관람하였다. 2015년에는 약 200만 명이 축제장을 방문하였으며, 이 중 26%는 외부에서 온 관광객이라고 한다〈표2〉.

■ 도시 전체가 흥겨운 축제 분위기

캐나다는 여름이 되면 오타와, 에드먼튼, 캘거리, 밴쿠버 등 여러 도시에서 재즈 페스티벌을 연다. 그들에게 있어서 재즈 음악은 그만큼 친숙한 음악이다. 사실 재즈는 20세기 서양음악의 뿌리이다.

〈그림1〉 몬트리올 재즈 축제장 주변약도

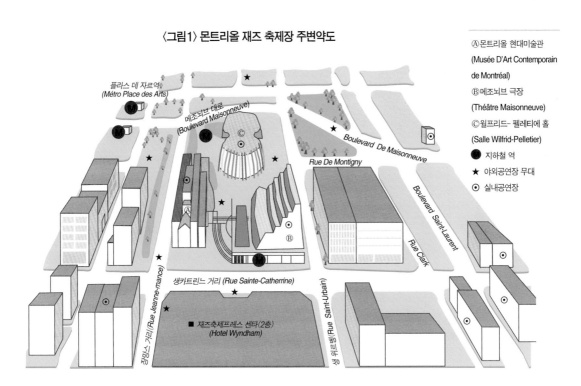

Ⓐ몬트리올 현대미술관
(Musée D'Art Contemporain
de Montréal)
Ⓑ메조뇌브 극장
(Théâtre Maisonneuve)
Ⓒ윌프리드- 펠레티에 홀
(Salle Wilfrid-Pelletier)
Ⓜ 지하철 역
★ 야외공연장 무대
⊙ 실내공연장

그러나 몬트리올 재즈 페스티벌은 아주 특별하다. "다른 도시에서 벌어지는 재즈 축제는 대개 음악가는 연주하고 방문객은 듣고 있는 데 불과하지만, 몬트리올의 경우는 방문객의 거대한 규모에도 불구하고 도시 전체에 걸쳐 흥겨운 축제분위기가 넘실거린다"라고 몬트리올 재즈 페스티벌의 창시자이자 회장인 알렝 시마르 (Allain Simard)는 말한다(Festival International de Jazz de Montréal, 2001 : 22).

〈표2〉 몬트리올 국제 재즈 페스티벌 방문객 수

(단위 : 만 명)

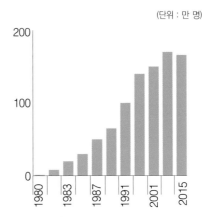

자료 : http://montrealjazzfest.com

주무대(GM무대)

장 망스 거리와 생카트린 느 거리의 코너에 있는 GM 야외무대의 콘서트 에는 10만여 명의 인파가 운집하기도 한다.

2015년도 몬트리올 국제 재즈 페스티벌은 10일 동안 1,000회 이상의 콘 서트가 열렸다. 세계 30개 국가에서 온 3,000여 명의 음악가가 연주하였 다. 공연은 낮 12시부터 밤 12시 30분까지 끊임없이 이어진다. 낮 동안에 는 거리에서 각종 퍼레이드가 벌어지기도 한다.

그중 65%에 해당하는 650회 이상의 콘서트는 야외무대에서 이루어졌 다. 야외무대에서 열리는 콘서트는 누구나 무료로 관람할 수 있다. 장망스 거리와 생카트린느 거리의 코너에 있는 야외무대에서 열린 콘서트에는 10만여 명의 인파가 운집하기도 하였다. 실내공연은 15개 콘서트홀에서 350회 이상 공연되었다.

■ 축제장은 삶의 즐거움을 발산하는 공간

사람들은 노천 카페에서 맥주 잔을 기울이며, 또는 광장의 계단에서 연인과 팔짱을 끼고 앉아 색소폰과 트럼펫의 재즈 리듬에 빠져든다. 세계 각국에서 다양한 언어를 사용하는 여러 사람들이 페스티벌을 찾아오지만, 이들을 얼싸안게 하고 하나로 통합하는 언어는 오로지 음악이다.

몬트리올 다운타운에 늘어선 고층건물 사이로 석양이 드리우면, 축제장은 삶의 즐거움이 발산되는 하나의 작은 도시가 된다. 축제 분위기(festive spirit)가 그곳에 있는 모든 사람들을 감싸게 된다. 친구나 가족과 함께 이 무대에서 저 무대로 어슬렁거리면서, 때로는 아는 사람을 만나기도 하고 또 때로는 새로운 친구를 만나기도 하면서 음악을 발견하고 새로운 문화를 접하는 것이다. 이 독특한 장소에서 상업적 정책들은 부차적 · 내부적 문제일 뿐이고, 연주자나 관객이나 모두가 자유와 희열의 황홀경을 경험하게 된다.

■ 세계 최고의 재즈 페스티벌

오늘날 몬트리올 국제 재즈페스티벌은 장르의 다양성, 규모와 참석자의 지명도에 있어서 세계 최고의 재즈 축제임을 자랑한다. 몬트리올 국제 재즈 페스티벌은 그 명성에 걸맞게 재즈계의 거장들이 거의 모두 참여하는 축제이다. 2001년에도 Johanne Bougie, Laurent Saulnier, Dan Behrman 등과 같은 세계 최고의 재즈 음악가들이 공연에 참여하였다.

뿐만 아니라 모든 장르의 재즈 음악이 망라되었다. 재즈, 블루스, 라틴 재즈, 브라질 재즈, 쿠바 재즈, 아프리카 재즈, 레게, 현대 재즈, 전자 재즈 등 수없이 많은 종류의 재즈가 공연되었다. 재즈 팬들에게 몬트리올 국제 재즈 페스티벌은 재즈의 뿌리와 주류(main stream), 그리고 재즈의 최신 흐름을 알 수 있는 아주 특별한 기회가 된다.

다만 한 가지 아쉬운 점은, 유명연주자들이 너무 많이 오다보니 정작 몬트리올 지역에 사는 아티스트들의 연주는 언론의 주목을 별로 받지 못한다는 점이다.

■ 매년 재즈 공로자에게 시상

몬트리올 국제 재즈 페스티벌에서는 매년 재즈 발전에 특별히 기여한 사람에게 시상을 하고 있다. 2015년 축제에서는 8명의 음악가가 재즈페스티벌에 기여한 공로로 특별상을 받았다. 블루스 음악의 대부로 알려진 라일리 B. 킹상(B.B. King Award)은 제임스 코튼(James Cotton)이, 오스카 피트슨상(Oscar Peterson Award)은 짐 갤러웨이(Jim Galloway)가, TD재즈대상(TD Grand jazz Award)은 레이첼 퀸텟(Rachel Therrien Quintet)이 수상하였다.

■ 부모와 자녀가 함께 즐기는 재즈

재즈 페스티벌은 어른들을 위한 축제만은 아니다. 분수대를 뒤로 하고 어린이 음악공원 쪽으로 향하면 어린이를 위한 온갖 프로그램들이 준비되어 있다. 커다란 피아노 건반을 만들어 놓고 그 건반 위에 올라가면 해당 음계의 소리가 나게 하는 시설에서부터 페이스 페인팅을 하는 코너 등 부모와 어린이가 함께 즐길 수 있는 코너들이 여러 곳에 마련되어 있다.

■ 비영리단체에 의해 운영되는 재즈 페스티벌

몬트리올 국제 재즈 페스티벌은 비영리단체인 '몬트리올 국제 재즈 페스티벌(Festival International de Jazz de Montréal)'이 주관한다.

축제조직의 최고기구는 행정위원회

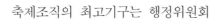

이다. 행정위원회 위원은 9명으로 구성되어 있다. 페스티벌에 관한 주요한 의사결정을 하며, 동시에 각 부서의 책임을 맡기도 한다. 회장은 몬트리올 재즈 페스티벌 창설자인 알렝 시마르(Alain Simard)가 맡고 있다.

행정위원회 아래 집행조직으로 총괄국, 언론·홍보국, 마케팅 및 협찬, 제작국, 행사장 관리, 영업, 행정, 내부관리 등 8개 부서로 나누어져 있다 〈표3〉.

이 중 특히 우리의 관심을 끄는 것은 언론홍보국으로 책임자 4명을 제외하고도 무려 40명의 인원이 있다는 점이다. 여기에는 그래픽(6명), 인터

(위) 대형피아노 건반 위에서 즐거워 하는 아이들
재즈 축제는 어른들만을 위한 축제는 아니다.
(아래) 페이스 페인팅
한 어린이가 몬트리올 재즈 축제의 캐릭터인 고양이 형상의 페이스페인팅을 하고 있다.

<표3> 몬트리올 국제 재즈 페스티벌의 조직구성

행정위원회(9명)	
총괄국	프로그램 기획(8), 정부관계 및 관광개발(5), 운영(6), 표 및 공간(8)
언론 · 홍보국	언론(14), 홍보(6), 그래픽(6), 인터넷(4), 영접(5), 페스티벌 로고(1), 사진(4)
마케팅 · 협찬	마케팅 · 협찬(11)
제작국	계약(4), 교통 및 숙박(4), 기술지원(6)
행사장관리	설비(10), 물자지원 및 안전관리(8)
영업	영업(20)
행정	일반행정(6), 회계(8)
내부관리	안내(9), 인사(7), 구매(3), 설비(5)

* 괄호 안은 부서별 인원수를 나타냄.

출처 : Festival International de Jazz de Montréal, programme 2001.

넷(4명), 페스티벌 로고 전문가(1명) 등이 배치되어 있어서 우리가 몬트리올에서 본 여러 가지 재미있고 특색 있는 로고나 배너 등이 나오게 된 이유를 알 수 있을 것 같았다.

몬트리올 국제 재즈페스티벌의 프레스센터는 축제장 바로 옆에 있는 윈담 호텔(Hotel Wyndahm) 2층에 마련되어 있었다.

우리는 인터뷰를 위해 축제사무국으로 여러 번 전화를 걸었으나 자동 응답 메시지만 반복될 뿐이었다. 사무국이 있는 세부르크(Sherbrooke Est)가 822번지는 축제장에서 걸어서 가기에는 너무 먼 거리여서 전화도 받지 않는데 무작정 찾아갈 수는 없었다. 어느 안내원에게 축제 책임자를 인터뷰하고 싶다고 하였다. 그녀는 어디론가 전화를 하더니 축제장 바로 옆에 있는 윈담 호텔 2층에 프레스센터가 마련되어 있으니 그리로 가보라고 했다.

우리가 인터뷰한 사람은 언론홍보국 소속 영접부서의 책임자인 소피 데 즈비엥(Sophie Desbiens)이라는 여성이었다. 우리는 세계의 수많은 유명 축제를 찾아다니며 책임자들을 인터뷰하였으나, 축제사무국과는 별도로 축제장 근처의 호텔에 프레스센터를 마련해두고 각종 자료를 제공하고 있는 것은 몬트리올에서 처음 보았다. 그만큼 홍보에 정성을 기울인다는 증거라고 생각된다.

취재열기도 뜨거워서 2015년에는 세계 16개 나라에서 400명 이상의 언론인이 프레스센터에 등록하였다. 이들 중에는 라디오 캐나다의 TV방송, 영국의 BBC, 빌보드, 라디오 프랑스 익스프레스(FIP), 데일리 텔레그라프 등의 유명 언론들이 참여하여 세계 각국으로 보도되었다.

■ 축제를 통해 문화도시의 이미지 구축

축제를 통해 몬트리올은 문화도시로서의 확고한 이미지를 가지게 되었으며, 관광지로서의 매력은 더욱 증가되어 현재 연간 1,000만 명의 관광객이 몬트리올을 찾고 있다. 축제를 통해 지역경제에 미치는 경제적 이익은 수백만 달러에 달하는 것으로 추산되고 있다.

실내에서 이루어지는 유료 콘서트는 음악가

입장권을 대신하는 캐릭터 배지 퀘백 여름축제에서는 마카롱이라 부르는 사각형의 캐릭터 배지를 사서 달면 축제 기간 중 어느 공연장이나 입장할 수 있다.

의 명성과 좌석의 위치에 따라 티켓의 가격에 차이가 난다. 2016년도의 경우 입장권 가격은 35.3 캐나다달러(3만원)에서 118캐나다달러(10만원)이다. 대체적으로 45캐나다달러(3만 8,000원)~55캐나다달러(4만 7,000원) 수준이다.

최근에 와서 새로운 홍보수단으로 떠오른 것이 인터넷과 SMS(Social Media Sites)이다. 인터넷을 이용한 검색과 블로그, 페이스북, 트위트, 유튜브 등의 소셜 미디어를 활용한 홍보가 활발하다. 인터넷을 통한 사전 예매는 축제 6개월 전부터 이미 시작된다.

야외에서 공연되는 콘서트는 원칙적으로 무료이다. 그러나 야외공연을 보더라도 축제에 재정적 도움을 주고 싶은 사람은 '축제의 친구들' 카드(La Carte des Amis du Festival)를 사면 된다. 이 카드는 10캐나다달러(세금 별도)인데, 구매할 경우 특별편집된 재즈 CD를 받으며 GM자동차, 현금 5,000달러, 해외여행권, 프랑스 산 포도주 등 푸짐한 경품이 걸려 있다.

페스티벌의 공식 판매대에서 파는 음료수나 식사 등의 수입 그리고 '축제의 친구들' 카드 판매 수익금은 이벤트를 조직하고 야외 무료공연을 위한 비용에 투입된다.

탁월한 마케팅 전략

몬트리올 국제 재즈 페스티벌 프로그램의 70%가 무료 콘서트임에도 불구하고 축제는 계속 유지될 뿐만 아니라 더욱 번창하고 있다. 그 이면에는 캐나다 관광청과 같은 정부부처의 적극적인 협조와 함께, 뛰어난 마케팅 전략으로 수많은 기업들이 스폰서로 참여하고 있기 때문이다. 스폰서로는 Bell, 하이네켄 맥주회사, 한국의 현대자동차 등 6개 회사가 참여하고 있고, 공식 파트너로는 하얏트 호텔 등 7개 회사가 참여하고 있고, 공식 공급업자로는 17개 회사가 참여하고 있다. 그 외 미디어 파트너로는 BBC 등 23개의 방송, 언론사가 참여하고 있다. 이러한 사업을 위해 몬트리올 재즈 페스티벌 조직위원회는 방대한 마케팅 팀을 운영하고 있다.

2015년도 축제예산은 2,500만 캐나다달러(214억원) 이었으며, 약 20만 달러(1억 7000만원)의 순이익을 남겼다. 이러한 잉여금은 비수기의 재즈 콘서트를 위해 투자된다.

■ 몬트리올의 다른 축제들

몬트리올에서 개최되는 다른 주요 축제로는 2월 초부터 3월 초까지 개최되는 몬트리올 하이라이트 축제(Montréal High Light Festival), 7월에 열리는 몬트리올 웃음 축제(Just for Laughs Festival), 8월에 열리는 몬트리올 세계영화제(Montréal World Film Festival), 9월 하순에서 10월 초순에 열리는 국제신무용 축제(Festival international de nouvelle danse) 등이 있다.

■ 이웃 도시 퀘벡의 여름 축제

퀘벡 여름축제 홍보탑
수준높은 디자인의 홍보
탑을 시내 요소 요소에
배치하여 축제 분위기를
고조시키고 있다.

몬트리올 국제 재즈페스티벌과 비슷한 시기에 퀘벡에서는 여름축제(Festival d'été de Québec)가 열린다. 2016년도 퀘벡 여름 축제는 7월 7일(목)부터 17일(일)까지 11일간 열린다. 퀘벡 여름 축제는 시청광장을 비롯한 16곳의 무대에서 개최되는데, 축제는 매일 낮 12시부터 새벽 2시경까지 이어진다.

퀘벡 여름 축제에서 우리의 관심을 끄는 것은 입장료를 징수하는 방법이다. 축제장에 입장하기 위해서는 '마카롱(macaron)'이라 부르는 사각형의 캐릭터 배지를 달아야만 들어갈 수 있다. 이 배지는 8캐나다달러 (6,800원)인데 한 번 사면 축제기간 11일 동안 어느 축제장이나 들어갈 수 있다. 밤에는 배지 뒷면에 있는 단추를 누르면 반짝반짝하는 빛을 내게 되어 있어 쉽게 식별할 수 있도록 하였다. 이 빛은 35시간 동안 반짝일 수 있다고 한다.

입장할 때마다 매번 입장료를 징수하는 방법보다 한결 편리하고 유용한 아이디어이다. 우리나라 축제의 경우에도 축제장이 시내 여러 곳에 흩어져 있을 경우 도입해볼 만한 사례라고 생각된다.

인포메이션 센터를 나타내는 기호는 세계 여러 나라에서 공통적으로 인포메이션(information)의 약자 'i'를 사용하는데, 캐나다의 경우는 전국 어디서나 '?(물음표)'를 사용하고 있는 점도 특이하다.

퀘벡 지방은 겨울에 춥고 눈이 많이 오는 곳이다. 따라서 1월 말부터 약 2주간 개최되는 겨울 축제(Winter Carnival)는 세계적으로 유명하다. 겨울 철은 관광비수기로서 퀘벡의 지역경제가 가장 침체되는 시기였으나, 이 지역 상공단체들의 제안에 따라 1954년에 퀘벡 겨울 축제가 시작되었는데, 이 겨울 축제가 점차적으로 성공을 거두면서 전통적인 겨울비수기가 일년 중 가장 중요한 관광성수기로 탈바꿈하게 되었다. 뿐만 아니라 이 겨울 축제의 명성 때문에 퀘벡의 독특한 관광 이미지를 낳게 되었다(정강환, 1996: 43).

몬트리올 재즈 페스티벌과 퀘벡 여름 축제에서 배울 점

첫째, 축제의 주제를 설정할 때 보편성과 정체성을 동시에 고려해야 한다는 점이다.

즉, 몬트리올 축제에서는 누구나 이해 또는 공감할 수 있는 재즈라는 보편성 있는 주제를 채택하면서도 뛰어난 기획력과 마케팅으로 몬트리올의 대표적 축제로서의 정체성을 확보하는 데 성공한 것으로 평가받고 있다.

외국인은 고사하고 바로 옆동네 주민들조차 공감하기 어려운 주제를 내세워도 곤란하고, 체육대회, 노래자랑, 백일장, 사생대회, 휘호대회, 미인선발대회처럼 그 내용면에서 전혀 개성이 없어도 공동체 구성원들의 관심을 끌기 어렵다. 따라서 축제 주제를 설정할 때는 보편성과 함께 그 지역 나름대로의 독창성을 어떻게 확보할 수 있을지를 고민해 보아야만 한다.

쉽게 말해서 보편성은 현실적 이해 가능성이고, 독창성은 자신만의 창조성이다. 아무리 독창적인 것이라도 다른 이가 공감할 수 없다면 이는 소통 불가능한 암호에 불과할 것이다. 반면 아무리 그럴듯하더라도 자기만의 독특한 그 무엇이 없이 어디서 본 듯한 것들을 되풀이한다면 사람들의 관심을 모으기 어렵다. 이미 속속들이 모두 다 알아 더 나올 것이 기대되지 않는 진부한 것에 누가 관심을 두겠는가?(김승현, 2000: 166~167)

우리나라도 여러 곳에서 재즈 축제를 개최하고 있는데 왜 몬트리올처럼 성공할 수 없었을까? 우리들의 재즈 축제에서는 몬트리올처럼 그 내용면에서 독창성과 보편성을 동시에 확보하지 못했기 때문이라고 본다. 보편성에 근거한 독창성, 또는 독창성에 바탕한 보편성의 확보는 축제주제 선택의 필요충분조건이라 할 수 있다.

둘째, 홍보와 마케팅, 특히 인터넷을 통한 홍보와 마케팅 효과를 극대화할 수 있는 전문인력과 전략이 필요하다.

아무리 특색 있고 매력적인 축제가 열린다 하더라도 널리 홍보되지 않으면 관광객이 올 수 없다는 것은 자명한 이치이다. 특히 인터넷이 발달하면서 인터넷을 통한 홍보와 티켓 판매의 중요성이 점점 증대되고 있다.

몬트리올 재즈 페스티벌의 경우 언론·홍보국에 책임자 4명을 제외하고도 무려 40명의 인원이 있다. 여기에는 그래픽(6명), 인터넷(4명), 페스티벌 로고 전문가(1명) 등이 배치되어 있다.

적은 비용으로 전 세계에 축제를 홍보할 수 있는 수단으로 떠오른 것이 인터넷이다. 최근에 와서 새로운 홍보 및 판매 수단으로 떠오른 것이 인터넷과 SMS(Social Media Sites)이다. 인터넷을 통한 홍보 및 티켓 사전예매가 매우 중요해졌고, 블로그, 페이스북, 트위트, 유튜브 등의 소셜 미디어를 활용한 홍보가 활발하다.

이제 축제는 일정한 기간에만 실시되는 일회성 행사가 아니다. 인터넷을 통해 축제는 언제나 계속되고 있기 때문이다. 오프라인 축제가 끝난 뒤

에도 온라인을 통해 지속적으로 축제에 대한 의견을 수렴하고 새로운 기획을 시험하며, 지속적으로 홍보 아이템을 개발하고 모니터링을 받는다면 더 나은 축제로 발돋움할 수 있을 것이다. 그리고 단순히 지역만이 아닌 전국, 또는 세계로 지역의 문화와 역사, 전통을 알릴 수 있는 축제의 장으로 의미가 확대될 수 있다(최기우, 2001 : 51).

홍보와 함께 중요하게 생각되어야 할 것이 마케팅 전략이다. 마케팅(marketing)이란 소비자의 욕구를 규명해내고 이익을 내면서 이들 욕구를 만족시키기 위하여 제품이나 서비스를 개발하고 배분하며 판매를 촉진시키고 가격을 결정하는 일련의 활동을 말한다. 지역축제가 지역민과 참가

기둥을 활용한 축제장 분위기 조성 기존의 시설물인 가로등, 분수, 건물 기둥 등에 축제장의 이미지를 제고시킬 수 있는 다양한 색깔의 천이나 시트지 등을 활용한 점이 주목된다.

자에게 만족을 주기 위해서는 축제 참가자에 대한 이해가 필요하다. 축제 참가자들은 동일한 목적으로 축제에 참가하지 않는다. 다양한 사회·경제적 배경 때문에 축제에 대한 기대와 참가동기도 다양하다. 이들이 축제에서 무엇을 원하는가가 이해되고 그러한 욕구가 축제기획의 중요한 변수로 고려될 때 지역축제는 지역민 또는 참가자들에게 보다 쉽게 수용될 수 있다(김창민, 2001 : 16).

셋째, 축제장을 다변화하고 시가지에도 다양한 공연과 연출이 필요하다. 축제장 주변과 시가지의 기존 시설물을 활용한 축제 분위기 조성이 필요하다. 기존의 시설물인 가로등, 분수, 건물기둥 등에 축제장의 이미지를 제고시키고 통일시킬 수 있는 색깔의 천이나 다양한 칼라의 비닐이나 시트지 등을 활용한 점이 주목된다.

넷째, 다양한 입장료 징수방법을 개발할 필요가 있다. 몬트리올 재즈패스티벌의 경우 야외공연은 무료이다. 그럼에도 불구하고 '축제의 친구들' 카드(La Carte des Amis du Festival)를 사서 축제의 재정에 도움을 주고, 경품도 탈 수 있도록 한 것은 매우 재미있는 발상이다.

퀘벡 여름 축제에서 입장료를 징수하는 아이디어는 우리나라 축제에서도 당장에 활용할 수 있는 방법이다. 마카롱(macaron)이라 부르는 사각형의 캐릭터 배지를 달면 축제기간 동안 16 곳의 어느 축제장이나 마음대로 입장할 수 있다. 더구나 밤에는 식별이 용이하게 야광이 점멸하게 만든 점은 매우 재미있는 아이디어이다. 우리나라 지역축제에서도 다양한 아이디어로 토탈 티켓을 도입할 필요가 있다.

다섯째, 지역축제의 계절별 구도와 효과적인 축제 개최시기에 대한 재검토가 필요하다. 특히 여름휴가철 축제를 적극 개발할 필요가 있다. 몬트리올 국제 재즈 페스티벌의 성공요인 가운데 가장 중요한 하나가 여름휴가에 10일 이상 개최된다는 것이다.

역사적으로 보면 우리나라의 전통축제는 원래 단오, 추석, 동지 등 세시 풍속과 연계되어 개최되었기 때문에 대체로 사시사철 골고루 분산되어 개최되어 왔다. 그런데 전국적으로 보면 현행 지역축제 중 50%는 매년 10월에 개최되고 있다. 2001년도 문화관광부가 선정, 지원하고 있는 30개의 지역축제의 경우 40%에 해당하는 12건이 9·10월 가을철에 개최되고 있다. 다음으로 30%에 해당하는 9건이 4·5월 봄철에 개최되고 있으며, 7·8월 여름철에는 6건(20%), 1·2월 겨울철에는 3건(10%)의 축제가 개최되고 있을 뿐이다(남치호, 2002: 8~9).

우리나라의 지역축제들은 이처럼 9·10월과 4·5월 4개월에 집중적으로 개최되고 있으며, '문화의 달'이라는 인식이 높은 10월에 특히 집중되

무대 앞 거리관중
많은 콘서트들이 여러 곳의 야외무대에서 열리기 때문에 시가지 전체에 걸쳐 축제의 흥겨운 분위기가 넘실거린다.

고 있다. 계절적 요인을 무시할 수도 없고, 이러한 현상을 탈피할 뚜렷한 대안이 없는 것도 사실이지만, 지역축제가 이와 같이 특정시기에 집중적으로 개최되는 것은, 축제가 하나의 지역문화 관광상품이라는 측면에서 고려해본다면 문화자원의 낭비가 아닐 수 없다(이원태, 1997: 20). 그리고 가을철에 집중된 축제들의 개별적 경쟁력 확보도 어렵게 된다.

그러므로 아직 널리 알려지지 않았거나, 역사가 그리 오래되지 않은 지역축제부터 자발적으로 개최시기를 변경하여 축제의 상대적 경쟁력을 강화하는 수단으로 삼을 만하다. 보다 많은 사람들을 축제판에 모으기 위해서는 가급적이면 다른 많은 지역에서 축제가 개최되는 시기를 피하여 축제를 개최하는 것이 효과적일 것이다. 최소한 권역별로나 인근지역 간에는 축제의 성격상 같은 시기 개최가 불리한 경우 중복을 피할 정도로 개최시기를 조정할 필요가 있다(이원태, 1997: 21).

축제 개최시기의 조정과 함께 검토해야 할 사항은 지역 내에서 개최되고 있는 크고 작은 기존의 축제들을 계절별로 재배치하고 역할분담을 재고하여 축제역량을 강화하고 제각기 일정한 역할을 수행하여 상승적 작용을 일으키도록 노력할 필요가 있다(남치호, 2002: 42). 축제 개최시기의 조정이나 계절별 축제구도를 도입할 때 특히 고려해야 할 점이 여름휴가철 축제의 개발이다.

보령 머드 축제, 무주 반딧불 축제 등 이미 상당한 인지도를 확보하고 있는 여름휴가철 축제도 5~6건 있으나, 우리나라에서는 온 가족이 함께 즐길 수 있는 여름휴가철 축제는 아직도 찾아보기 어렵다.

그러나 몇몇 여름 축제들은 앞으로 이러한 축제로 개발될 수 있는 잠재력을 충분히 지니고 있는 것으로 판단된다. 그러한 축제의 하나로 경북 봉화군의 은어 축제를 들고 싶다. 봉화군에서는 송이 축제 등 크고 작은 8건의 지역축제를 개발하여 민선자치 초기부터 4계절 축제구도를 도입한 바 있는데, 그 중 은어 축제가 가장 잠재력이 큰 축제로 평가된다. 매년 8월 중순 군청 소재지를 관통하는 내성천의 일정 부분을 그물로 막고 지역민들이 양식한 은어를 풀어놓고 은어 잡기 체험을 재미있게 펼치는 한편, 은어 먹거리골목, 자연산 물고기 전시장 등도 함께 개설하여 휴가철 방문객들에게 큰 즐거움을 선사하고 있다. 가족들이 함께 은어를 쫓으며 시간 가는 줄 모르고 즐거워하는 모습에서 이 축제의 발전 가능성을 충분히 엿볼 수 있다.

여섯째, 축제 개최시기와 함께 적극적으로 검토해야 할 또 하나의 과제가 축제 개최기간이다. 몬트리올 국제 재즈 페스티벌과 퀘벡 여름 축제는 모두 목요일에 시작하여 다음주 일요일까지 11일간 개최하고 있다.

일반적으로 축제 전문가들은 10일 동안의 행사기간에 두 번 주말을 맞이하게 하는 이벤트 일정이 관광객 유치를 최대화하는데 이상적이라고 한다. 1983년에 발표한 '스페셜 이벤트 리포트(Special Event Report)'에 따르면 8일에서 14일간이 축제를 위한 최적의 행사기간으로 제시되었는데 이 기간이 중요한 계기를 마련할 수 있는 충분한 시간이 되며, 또한 잠재방문객이나 방송매체에 일종의 긴박감을 형성할 수 있는 짧은 시간도 되기 때문이다(정강환, 1996: 93).

물론 지역축제에 있어 기준이 될 만한 축제기간을 설정한다는 것은 매우 어려운 문제이다. 그러나 지역축제의 개최목적을 실현하기 위해서는 토요일과 일요일 및 공휴일 등이 몇 차례 포함될 수 있도록 축제기간을 설정하는 것이 바람직하다.

안동 국제탈춤 페스티벌에서 정해놓고 있는 축제기간 선정의 기본원칙을 보면 매년 9월 마지막 주 금요일에 개최하여 10월 첫 주 일요일에 마치도록 하여 10일간의 축제기간 동안 토·일요일이 4일, 개천절(10월 3일)이 1일 모두 5일의 공휴일을 포함시켜 방문객의 증대를 꾀하고 있다.

우리나라 지역축제의 기간은 10일 이상 되는 것도 없지 않으나 대체적으로 2일에서 5일 사이로 나타난다. 축제의 횟수가 오래되고 지명도를 획득한 지역축제는 4~5일간 개최되는 반면에, 널리 알려지지 않았거나 특색이 없는 지역축제는 2~3일간에 걸쳐 체육대회나 시·군민의 날 행사와 함께 적당히 치르는 경우가 많다. 그러나 이러한 방식으로는 경쟁력 있는 축제가 되기 어렵다. 축제가 지역활성화를 위한 관광상품으로 발전하기 위해서는 가급적 주말과 공휴일을 포함하여 최소한 3일 이상 되어야 할 것이며, 가능하다면 10일 동안에 두 번의 주말을 포함시키는 방법을 권하고 싶다.

PLUS TIP

몬트리올 국제 재즈 페스티벌(Festival international de Jazz de Montral) 홈페이지

http://www.montrealjazzfest.com

퀘벡 여름 축제(Festival d'été de Québec) 홈페이지

http://www.infofestival.com

참고문헌

김승현(2000), 『축제만들기 ; 방리외 블뢰 재즈 페스티벌에서 배우는 문화 전략』, 열린책들.

김창민(2001), "지역축제 단순구경꾼 없애는 길", 『문화도시 문화복지』 제105호 (2001.6.15), 한국문화정책개발원.

김춘식(1999), "축제를 통한 외래관광객 유치방안", 『공공행정연구』 제3권 제2호, 대전 · 충남행정학회.

남치호(2002), "안동시 축제구도의 재정립과 축제도시화 방안", 『안동시 국제탈춤 페스티벌 중장기 발전계획』, 안동대학교 안동지역사회개발연구소.

이원태(1997), "향토축제의 육성 및 발전방안", 『향토축제기획담당자 연수교재』, 충청남도.

정강환(1996), 『이벤트관광전략』, 일신사.

최기우(2001), "썰렁한 축제 홈페이지 누구 탓인가", 『문화도시 문화복지』, 제110호 (2001. 9. 1), 한국문화정책개발원.

http://www.montrealjazzfest.com

http://www.infofestival.com

Festival International de Jazz de Montréal.(2001). *Programme 22e édition festival d'été de Québec*

le Journal de Québec(8 juillet 2001).

Irving Weisdorf & co.(2001). *La Ville de Québec.*

Irving Weisdorf & co.(2001). *Montréal.*

캘거리 스탬피드 _ 세계 최대의 카우보이 축제이며, 동시에 캐나다에서 가장 큰 축제이다. 캘거리 스탬피드를 보면 그들의 목축업에 대한 자부심, 캘거리와 앨버타 주, 그리고 캐나다에 대한 긍지를 피부로 느낄 수 있다.

캘거리 스탬피드 (Calgary Stampede)

매년 7월 초, 캐나디안 로키의 동쪽 기슭에 위치한 캘거리에서는 세계 최대의 카우보이 축제 '캘거리 스탬피드(Calgary Stampede)'가 열린다. 전 세계의 '내로라' 하는 카우보이들이 모여들고, 스탬피드를 보러 온 관광객으로 호텔은 초만원이다. 열흘 동안 세계에서 가장 우수한 카우보이들이, 가장 우수한 가축들을 이용하여, 가장 큰 로데오 경기를 벌인다. 사람들은 즐겁고 들뜬 나날을 보낸다. 그러나 캘거리 스탬피드에는 단순한 즐거움 이상의 그 무엇이 있다. 그것은 주민과 방문객 모두에게, 캘거리를 오늘날처럼 아름답고 번영하는 도시로 만든 캘거리의 역사와 정신을 생각하게 하는 것이다.

■ 목축·관광의 도시, 캘거리

캘거리(Calgary)는 캐나다 로키 산맥 동쪽 기슭에 위치한 목축, 관광, 석유산업의 중심도시이다. 서쪽으로는 로키 산맥이 뻗어 있고 동쪽으로는 대평원이 펼쳐져 있다. 서쪽 해안에 있는 밴쿠버에서 비행기로 한 시간, 그레이하운드 버스로 15시간이 걸린다. 캘거리는 로키 산맥의 유명한 관광지인 밴프국립공원으로 들어가는 관문이기도 하다.

캘거리는 서울보다 약간 넓은 면적에 인구는 87만 명이 살고 있다. 캘거리라는 이름은 스코틀랜드 말로 '맑고 푸른 물이 흐르는 동네' 라는 뜻이라고 한다. 로키 산맥에서 발원한 맑고 수량이 풍부한 보우(Bow) 강의 강물이 캘거리 시내 중심을 흘러가고 있다.

캘거리는 해발 1,050m에 위치해 있다. 여름에는 따뜻하지만 겨울에는 춥고 눈이 많이 온다. 우리에게는 서울 올림픽이 개최되었던 1988년도에 동계올림픽이 열렸던 곳으로 잘 알려져 있다.

캘거리는 북쪽에 있는 애드먼튼과 함께 앨버타 주의 양대 중심 도시이다. '앨버타' 주라는 이름은 빅토리아 여왕의 넷째 딸인 루이즈 캐롤라인 앨버타(Louise Caroline Alberta) 공주의 이름을 따서 명명하였다고 한다.

앨버타 주의 주요산업은 석유산업, 임업과 농업 그리고 관광산업이다. 1947년에 대규모의 유전이 발견되어 현재 캐나다에서 생산되는 석유의 65%, 천연가스의 80%가 앨버타 주에서 생산되고 있다. 또 목축업이 세계적으로 유명하여 앨버타 스테이크는 세계 최고의 품질을 자랑하는데, 최근 유럽의 광우병 파동으로 인해 혼합 사료를 먹이지 않는 앨버타 주의 쇠고기는 날개 돋친 듯 팔려나가고 있다고 한다. 뿐만 아니라 로키 산맥은 캐나다 최고의 관광지로서 연간 800만 명의 관광객이 찾아오고 있다.

풍부한 자원을 기반으로 현재 앨버타 주는 엄청난 경제적 번영을 누리고 있다. 2001년도 스탬피드 축제 개막 다음날인 7월 7일자 『캘거리 해럴드(Calgary Herald)』 신문의 1면 톱기사에는 "캘거리 경제, 이보다 더 좋을 순 없다"라고 보도하고 있었다. 캘거리의 실업률이 전국 최저수준인 4.2%로서 거의 완전고용에 가까운 수준에 이르렀으며, 앨버타 주의 경제성장률도 2001년에 4% 이상으로 예상되어, 캐나다 최고의 경제성장률을 보일 것이라는 것이다. 도심부의 즐비하게 늘어선 고층빌딩과 깨끗한 거리 모습에서 캘거리의 경제적 활력을 피부로 느낄 수 있다.

캘거리 시내 약도
로키 산맥에서 발원한 보우 강(Bow River)이 시내를 활처럼 휘어져 흐른다. 축제 장소인 스탬피드 공원은 시내의 남동지구 (S.E.)에 위치해 있다.

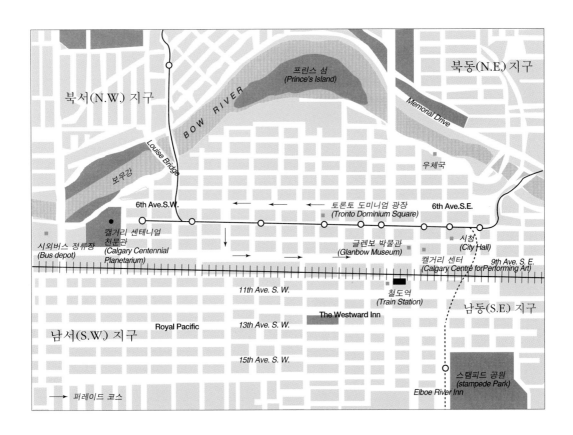

카우보이 차림의 가족
목축업에 대한 강한 자부
심을 가지고 있는 캘거리
사람들은 스탬피드 기간
중 카우보이 복장을 즐겨
입는다.

■ 축제기간 중에는 모두가 카우보이

매년 7월 초에는 세계 최대의 카우보이 축제인 캘거리 스탬피드가 열흘 동안 열리는데, 이 기간의 캘거리는 온통 축제 분위기에 휩싸인다. 이 열흘 동안 캘거리 사람들은 누구나 청바지와 카우보이 부츠 차림에 카우보이 모자를 쓰고 다닌다. 모두가 카우보이나 카우걸로 바뀌는 것이다. 축제기간 동안 사람들은 직장일을 멈추고 축제에 참여한다.

스탬피드 축제기간 중에는 전 세계의 내로라하는 카우보이들이 모여들고 세계 각국에서 스탬피드를 보러 오는 관광객이 운집하여 호텔은 초만원이다. 공항, 상점, 은행, 호텔과 식당에서는 서부 스타일의 장식을 하고 축제 팸플릿을 비치해놓고 있다. 신문과 TV는 연일 축제 뉴스를 보도하기에 바쁘다. 축제가 시작된 다음날인 7월 7일자 『캘거리 해럴드』 신문에는 제1면에서부터 시작하여 모두 7면에 걸쳐 캘거리 스탬피드 축제에 대한 기사와 경기 장면 등을 싣고 있었다.

■ 축제기간 중 아침식사는 무료로 제공

시내의 모퉁이나 캘거리의 여러 공원에서는 팬케이크와 소시지로 된 스탬피드 팬케이크 아침식사(Stampede Pancake Breakfast)가 무료로 제공된다. 1923년의 스탬피드 축제 첫날에, 마차 경주자의 한 사람이었던 와일드호스

잭(Wildhorse Jack)이란 사람이 그의 마차를 캘거리의 다운타운으로 몰고 가서 메인 스트리트의 코너에 세워 놓고, 팬케이크와 베이컨을 지나가는 사람들에게 무료로 나누어 주었다. 그때 이후로 스탬피드 기간 중에 팬케이크 아침식사를 무료로 제공하는 것이 스탬피드 축제의 전통이 되었다.

지역 신문들은 아침식사를 제공하는 장소와 시간을 기사로 싣고 있으며, 큰 상점과 회사들은 마케팅 전략의 하나로, 자신들이 어디에서 팬케이크 아침식사를 무료로 제공한다라는 사실을 신문에 광고를 내고 있다(김춘식, 2001: 23).

■ 20세기 초부터 시작된 캘거리 스탬피드

오늘날 캘거리 스탬피드는 세계 최대의 카우보이 축제이며, 동시에 캐나다에서 가장 큰 축제이다. 사람들은 열흘 동안 즐겁고 들뜬 나날을 보낸다. 그러나 스탬피드에는 단순한 즐거움 이상의 그 무엇이 있다. 그것은 캘거리 사람들과 방문객들 모두에게 캘거리를 오늘날처럼 아름답고 번영하는 도시로 만든 캘거리의 역사와 정신을 생각하게 하는 것이다. 우리는 캘거리 스탬피드를 보면서 그들의 목축업에 대한 자부심, 캘거리와 앨버타 주, 그리고 캐나다에 대한 긍지를 피부로 느낄 수 있었다.

스탬피드 축제의 역사는 20세기 초로 거슬러 올라간다. 1912년에 가이 위딕크(Guy Weadick)라는 사람이 캘거리에 왔다. 뛰어난 승마기술과 프로모터의 기질을 갖추고 있었던 그는 카우보이와 카우보이적 생활에 대한 영원한 찬사와 존경심을 남기고자 하는 비전을 가지고 캘거리 지역의 4명의 유력 기업가를 설득하여 그들의 지원을 받아내는 데 성공한다. 그리하여 그는 와일드한 서부 카우보이 쇼의 아이디어를 드디어 현실로 옮기게 되었는데, 이것이 오늘날 캘거리 스탬피드 축제의 시초가 되었다.

스탬피드(stampede)라는 말은 원래 '소 떼 따위가 놀라서 우르르 도망가는 모양'을 뜻하는 단어이다. 그런데 로데오 축제가 유명해지면서 오늘날은 로데오 축제를 의미하는 단어가 되었다.

최초의 스탬피드 축제는 1912년 9월에 개최되었는데 대성공을 거두었다. 첫해의 축제에서 일백 명 이상의 인디언들이 자신들의 고유복장을 하고 얼굴에 화려한 색을 칠한 채 행사장에 나타났고, 그 이후 인디언들은 이 축제의 중요한 구성원이 되었다. 10일간의 축제기간 동안 세계에서 가장 우수한 카우보이와 카우걸들이 가장 우수한 가축들을 이용하여, 가장 큰 로데오 경기를 벌이는 것이다. 캘거리 스탬피드는 2012년에 축제 100주년을 맞이하였다.

■ '지상 최고의 옥외 쇼' 캘거리 스탬피드

캘거리 스탬피드는 축제의 기본목적과 비전을 다음과 같이 명시하고 있다.

"캘거리 스탬피드 축제의 기본목적은 앨버타 주의 농업적 유산을 보존하고 증진하는 데 있다. 더 나아가 우리의 목적은 캘거리와 남부 앨버타 지방, 그리고 서부 캐나다 지역의 농업, 교역, 엔터테인먼트, 스포츠, 레크레이션 그리고 교육적 수요를 충족시키는 데에 있다."

캘거리 스탬피드는 매년 7월 첫째 주 금요일에 시작하여 열흘간 계속된

<표1> 캘거리 스탬피드의 개최시기

개최년도	개최시기	기 간
2002	7. 5(금) ~ 7.14(일)	10일간
2012	7. 6(금) ~ 7.15(일)	10일간
2015	7. 3(금) ~ 7.12(일)	10일간

다. 따라서 마치는 날은 항상 일요일이 된다. 초기에는 축제기간이 6일간 이었으나, 1967년부터 9일로, 그리고 1968년부터 10일간으로 확대되었다. 최근의 개최시기를 보면 〈표1〉과 같다.

축제기간을 이렇게 구성하는 것은 매우 중요한 의미를 지닌다. 우선 축제시기가 일정하여 누구나 자신의 축제방문계획을 안심하고 미리 세울 수 있다. 또한 축제기간 10일 중 4일의 휴일(주 5일 근무이므로 두 번의 토요일과 일요일)을 포함할 수 있어서 방문객을 최대로 확보할 수 있는 장점이 있다.

캘거리 스탬피드는 그 규모와 명성에 비해 축제의 구성은 매우 단순하다. 개막일 아침 9시에는 시내 다운타운에서 퍼레이드가 열린다. 열흘 동안 매일 오후 1시 30분부터는 로데오 경기가, 밤 8시부터는 마차경기가 열리고, 마차경기가 끝나면 그랜드스탠드 쇼라는 이벤트가 열린다. 이것

<표2> 캘거리 스탬피드의 주요 프로그램

행사명	날짜	시간	장소
개막 퍼레이드	개막일	09:00~	다운타운
로데오(rodeo) 경기	매 일	13:30~	로데오 경기장
마차 경주 (chuckwagon race)	매 일	20:00~	〃
그랜드스탠드 쇼 (grandstand show)	매 일	마차 경주후 22:00~	〃

을 마치면 화려한 불꽃놀이로 하루의 축제를 마감한다〈표2〉.

스탬피드 기간 중에는 로데오 경기나 마차경주 외에도 넓은 스탬피드 공원에 흩어져 있는 여러 시설들에서 다양한 이벤트가 펼쳐진다. 특히 Kitchen 극장, 코카콜라 스테이지, Nashville North, 인디안 빌리지, Power Xone 등의 무대에서 아침부터 저녁까지 다양한 공연이 펼쳐진다. 또한 농업전시장에서는 앨버타 주의 품질 좋은 농축산물이 전시된다.

농축산물 전시 스탬피드 공원 내의 농업전시장에서는 앨버타 주의 품질 좋은 농축산물이 전시된다.

■ 퍼레이드의 꽁무니를 따라가는 시장

퍼레이드는 개막일 오전 9시에 시작하여 11시 30분까지 캘거리 시내의 6번 가(6th Avenue) 2번 거리(2th street)에서 출발하여 서쪽으로 진행한 뒤 9번 가를 따라 돌아오는 코스로서, 캘거리 다운타운을 ㄷ자 모양으로 도는 코스로 진행된다.

2001년 캘거리 스탬피드 퍼레이드에서는 144개 기관·단체에서 3,500명 이상이 퍼레이드에 참여하였다. 727마리의 말과 32대의 장식수레, 그리고 100대의 마차가 참여하였다. 약 30만 명의 관중이 퍼레이드를 관람하였다.

주최측에서는 관중들이 퍼레이드를 잘 볼 수 있도록 퍼레이드 코스를 따라 양쪽 도로변에 4~5층의 계단식 임시관람석을 설치한다. 그러나 니스나 망뚱처럼 돈을 받는 것은 아니고 누구나 자유롭게 앉아서 볼 수 있다. 이 관람석은 쉽게 조립하고 분해할 수 있도록 되어 있어서 행사가 끝나면 즉시 해체하여 보관하였다가 다음 행사 때에 다시 사용한다. 도로변에 있는 상점들은 단골고객들을 위하여 가게 앞에 특별 관람석을 만들어 주기도 한다.

미리 나와서 퍼레이드가 지나가기를 기다리는 관객들을 위해 8시부터는 퍼레이드 행렬이 지나가는 거리 곳곳에서 댄스와 노래, 승마기술, 경찰 모터사이클 등 다채로운 볼거리들을 보여준다.

행렬은 선도차 뒤로 캘거리 스탬피드의 마스코트, 고등학교의 브라스밴드, 각종 기업체, 단체, 캐나다의 다른 도시나 외국에서 온 행렬 등이 각

스탬피드 개막을 알리는 거리 퍼레이드 개막일 오전 9시에 시작하여 11시 30분까지 캘거리 다운타운을 ㄷ자 모양으로 도는 코스로 진행된다. 행렬의 맨 뒤에는 캘거리 시장이 손을 흔들며 따라간다.

팀의 특성을 나타내는 장식을 하고 지나간다. 캘거리 스탬피드는 매년 한 명의 여왕(Queen)과 두 명의 공주(Princess)를 선발하는데, 이들도 퍼레이드에서 빠질 수 없다. 행렬의 가장 뒤쪽에는 캘거리 시장이 손을 흔들며 따라간다.

퍼레이드가 지나가고 나면, 곧바로 진공청소차가 지나가면서 거리를 깨끗하게 청소하고, 자원봉사자들이 쓰레기를 치우고 관람석을 해체하는 등 바쁘게 움직인다.

■ 거액의 상금이 걸린 로데오 경기

로데오 경기는 축제기간 동안 매일 오후 1시 30분부터 열린다. 정규종목인 메이저 경기(major event)와 재미 정도로 치러지는 마이너 경기(minor event)가 있다.

가. 정규종목 경기(major event)

메이저 경기는 캐나다 프로로데오 협회가 인증한 종목으로, 모든 로데오 경기에서 행해지는 종목이다. 모두 6종목으로 점수 또는 시간에 의해 순위를 가린다〈표3〉.

1) 안장 없는 야생마 타기(Bareback Riding) : 안장이 없는 야생마 위에서 누가 얼마나 오랫동안 타고 있었느냐를 순위를 가리는 경기이다. 한 손은 공중에 들고 있어야 한다. 만약 8초 휘슬이 불기 전에 말에서 떨어지거나, 말을 잡지 않은 한 손이 말이나 그 자신 또는 장비에 닿으면 감점을 받

는다. 또 말을 타고 있는 동안 장비가 벗겨져도 감점이다. 선수는 말 위에 있는 동안의 컨트롤 능력과 박차를 가하는 기술에 따라 점수를 받는다. 말이 앞발을 땅에 닿기 직전에 말의 목에 박차를 가하면 높은 점수를 받는다.

2) **황소 타기**(Bull Riding) : 황소 타기는 로데오 경기의 대표적인 종목으로, 대단한 균형감각을 요한다. 박차를 가할 필요는 없지만, 8초 휘슬이 울리기 이전에 소에서 떨어지거나, 자유로운 한 손이 황소나 장비에 닿으면 감점을 받는다.

3) **송아지 다리 묶기**(Calf Roping) : 참가선수는 말 위에서 달리는 송아지에게 로프를 던져 송아지 목에

밧줄을 감은 뒤, 재빨리 말에서 뛰어내린다. 그리고는 송아지를 옆으로 쓰러뜨려 송아지의 네 다리 중 세 다리를 함께 묶는다. 로프를 다 묶은 뒤에는 선수는 손을 들어 심판에게 신호를 보낸다. 시간을 측정하여 순위를 가린다. 6초 이내에 줄이 풀리면 no time을 선언받는다. 또 송아지를 뒤에서 쓰러뜨리면 100달러의 벌금을 문다. 최근 20년간의 최고기록은 1993년에 세운 7.1초의 기록이다.

4) **여성 원통돌기**(Ladies Barrel Racing) : 경기장에 놓인 세 개의 원통을 클로버 잎 형태로 배치해 두고 이 세 점을 한 바퀴 도는 데 걸리는 시간을 측정한다. 여성들만의 경기로, 말과 사람의 혼연일체가 요구되는 경기이다. 승마자가 원통을 스치거나 기울어지게 하더라도 상관없지만, 만약 원통이 쓰러지면 승마자는 자기 기록에서 5초를 가산하는 벌점을 받는다.

5) **안장 있는 야생마 타기**(Saddle Bronc Riding) : 전형적인 로데오 경기

로 대단한 균형감각이 요구되는 경기이다. 선수는 한 손으로 안장고리를 잡고 다른 손은 자유롭게 둔다. 선수는 단지 말 위에 오래 있기만 하는 것이 아니라 야생마의 움직임과 동시에 말에 박차를 가하여 균형을 유지해야 한다. 가장 이상적인 형태는 말이 앞발을 땅에 디딜 때 말의 어깨에 박차를 가하고 말이 공중으로 솟구치면 말의 안장 뒤로 다리를 옮기는 것이다. 만약 8초 휘슬이 울리기 전에 말에서 떨어지거나, 자유로운 한 손이 말이나 그 자신 또는 장비에 닿거나, 발이 등자(鐙子)에서 빠져 나와도 감점을 받는다.

6) **수송아지 뿔 잡고 쓰러뜨리기**(Steer Wrestling) : 벨이 울리면 선수와 함께 보조자가 나온다. 팀 경기는 아니지만 보조자는 소가 다른 방향으로 달아나지 못하고 일직선으로 달리도록 도와주는 역할을 한다. 문이 열리고 송아지가 달려나가면 선수는 송아지의 왼쪽에서 보조자는 오른쪽에서 달린다. 선수가 말 위에서 몸을 날려 송아지 위로 뛰어내리면서 양손으로 뿔을 잡는다. 수송아지의 뿔을 잡고 소를 정지시킨 뒤 쓰러뜨린다. 만약 경기자가 수송아지를 놓치게 되면 다시 그 동물을 잡기 위해 한 발짝만 움직일 수 있도록 허용되어 있다. 시간을 체크하여 승부를 가린다.

로데오 경기 종목의 하나인 수송아지 뿔 잡고 쓰러뜨리기

로데오 경기의 진행방식은 선수들이 처음 8일 동안에 걸쳐 2회(go-round) 출전하여 성적을 합산한다. 각 종목별로 상위권에 속하는 10명 내외의 선수들이 제9일째(토요일)에 준결승전

〈표3〉 로데오 경기내용 요약(메이저 종목)

종목명	경기내용	판정기준
안장 없는 야생마 타기 (Bareback Riding)	안장 없는 야생마 위에서 한 손을 들고 오래 타고 있기. 말 위에 있는 동안의 컨트롤 능력과 박차를 가하는 기술에 따라 점수를 받는다.	점수
황소 타기(Bull Riding)	로데오 경기의 대표적인 종목으로 대단한 균형감각이 필요하다. 한 손을 들고 8초 이상 황소 위에 있어야 한다.	점수
송아지 다리 묶기 (Calf Roping)	말 위에서 달리는 송아지에 로프를 던져 잡은 뒤 송아지를 옆에서 쓰러뜨려 네 다리 중 세 다리를 묶는 데 걸리는 시간으로 승부를 가린다.	시간
여성 원통돌기 (Ladies Barrel Racing)	경기장에 세 개의 원통을 클로버 잎 형태로 배치해 두고 이를 도는 데 걸리는 시간을 측정한다. 말과 사람의 혼연일체가 중요하다.	시간
야생마 타기(Saddle Bronc Riding)	안장이 있는 야생마 타기. 전형적인 로데오 경기로 한 손은 들고 있어야 한다. 선수는 야생마의 움직임과 동시에 박차를 가하여 균형을 유지해야 한다.	점수
수송아지 뿔 잡고 쓰러뜨리기 (Steer Wrestling)	선수가 말 위에서 몸을 날려 양손으로 수송아지의 뿔을 잡고 정지시켜 쓰러뜨리는 데 걸리는 시간을 측정하여 순위를 가린다.	시간

에 해당하는 short go 대회에 출전한다. 그리고 이 세 번의 성적을 합산하여(go 1 + go 2 + short go) 종목별로 가장 우수한 선수가 그 해의 종목별 챔피언이 된다.

제10일째(두 번째 일요일)에 벌어지는 경기는 'Sudden Death(단판 승부)'라 부른다. 이 경기는 9일 동안 치른 세 번의 성적을 합산한 종목별 최상위권자 7명과 지난해 캐나다 챔피언, 월드 챔피언, 그리고 그 해의 로열 챔피언 등 3명을 합쳐 각 종목별 10명의 선수가 상금 5만 달러(4,250만 원)

를 놓고 벌이는 단판 승부 경기이다.

캘거리 스탬피드에는 거액의 상금이 걸려 있다. 로데오 경기와 마차경주를 합쳐 총 1,335,000달러(11억 3천만 원)의 상금이 걸려 있다.금액의 환산은 2001년 7월 6일 현재 기준환율을 적용하여 1캐나다 달러(C$)에 850원을 적용하였다. 특히 마지막 날의 Sudden Death시합에서 우승할 경우, 이미 받은 상금과 합치면 엄청난 금액을 받게 되는 셈이다. 예를 들어 2001년 로데오 경기에서 가장 많은 상금을 받은 사람은 여성 원통돌기에 출전한 질 베스플러그(Jill Besplug)라는 여성인데 이 선수는 1회전에서 4위(상금 2,426달러), 2회전에서 3위(상금 2,800달러), short go에서는 1위(상금 2,000달러)를 차지하였다. 세 번 경기의 성적을 합산한 결과 이 종목 챔피언이 되어 상금 5,879달러를 받았다. 그리고 마지막 날 sudden death에서 우승으로 받은 5만 달러의 상금을 합쳐 총 63,105달러(약 5,360만 원)의 상금을 거머쥐어 2001년도 스탬피드 로데오 경기 출전자 중 가장 많은 상금을 받았다.

나. 시범종목 경기(minor events)

한편 마이너 이벤트는 캐나다 로데오 경기에서 선택사항이지만 스탬피드에서 관중들에게 매우 인기 있는 경기이다. 마이너 경기 종목으로는 소년 수송아지 뿔 잡고 쓰러뜨리기, 초보자 안장 없이 야생마 타기, 초보자 야생마 타기, 그리고 Wild Horse Racing이라 하여 3명이 한 조가 되어 야생마에 안장을 채우는 경기, 야생 소에 우유 먹이기 등이 있다. 이 종목들은 재미로 하는 경기 정도에 해당하므로 상금도 정규종목의 10분의 1 정도에 불과하고, 최종 2일간(9일째와 10일째)의 경기에는 없다.

로데오 경기의 중간중간에는 수많은 관중들을 매료시키는 승마 묘기를 보여준다. 그 중에서도 가장 인상적인 것은 젊은 여성들의 승마기술이다. 말 등에 올라선 채로 달리기, 말에 거꾸로 매달려 달리기, 말의 옆구리에

수평으로 매달려 운동장 돌기 등 관중들의 숨을 멈추게 하는 고난도의 승마기술을 보여준다.

황소 목에 밧줄 걸기 시범
캘거리 스탬피드에서는
로데오 경기 중간중간에
여흥으로 각종 묘기를 보
여주어 관중을 즐겁게 한
다. 사진은 로프를 던져
황소의 목에 밧줄을 감는
시범을 보여주고 있는 장
면이다.

■ 지축을 울리며 질주하는 마차경주

저녁 8시가 되면 마차경주(Chuckwagon Race)가 열린다. 저녁 8시라고 하지만 해는 아직 중천에 떠있다. 왜냐하면 캘거리는 북위 51도에 위치하고 있어서 7월 초에는 밤 10시경에 해가 지기 때문이다. 이 마차경주는 1923년부터 시작되었다. 선수는 네 마리 말이 이끄는 마차(wagon)를 타고, 4명의 호위승마자들(outrider)과 한 팀이 되어 지축을 울리며 경기장을 질주한다.

한 번에 네 팀씩 경기에 출전하여 총 9회에 걸쳐 36대의 마차가 매일 경기를 벌인다. 10일 동안의 성적을 합산하여 최종 순위를 결정한다.

경기는 출발신호가 울리면 일직선으로 놓인 두 개의 원통을 S자 모양으로 한 바퀴 돈 뒤 5/8마일 거리의 경기장을 전속력으로 달리는 경기이다. 여기에는 매우 까다로운 벌칙규정이 있어서 마차는 물론 호위 승마자가 잘못한 경우에도 유형에 따라 1초에서부터 10초까지 시간이 가산되거나 벌금을 물리기도 한다.

여기에는 총 55만 달러의 상금과 챔피언 타이틀이 걸려 있다. 또한 마지막날의 우승자에게는 5만 달러의 상금이 별도로 지급된다.

마차경주 **마차경주** 저녁 8시가 되면 마차경주가 열린다. 한 번에 네 팀씩 경기에 출전하여 총 9회에 걸쳐 36대의 마차가 매일 경기를 벌인다. 10일 동안의 성적을 합산하여 최종 순위를 결정한다.

■ 초대형 엔터테인먼트, 그랜드스탠드 쇼

낮의 로데오 경기와 저녁 무렵의 마차경주가 끝나면 바로 이어서 그랜드스탠드 쇼라는 여흥이 벌어진다. 미리 조립되어 있는 무게가 80톤에 달하는 대형 무대를 경기장 트랙에다 트레일러로 끌어다 놓으면 순식간에 쇼 무대가 된다.

이곳에서 그날의 선수와 관중들에게 즐거운 음악과 춤을 선사하며 하루의 즐거움을 만끽하게 한다.

그랜드스탠드 쇼는 밤 10시경 시작

되는데, 이 시간쯤 되면 석양이 붉게
물들고 경기장에 어슴푸레 어둠이 내
리는 시간이다. 2001년도의 그랜드스
탠드 쇼는 '여정의 메아리(Echoes of
the Trail)'라는 다소 철학적인 주제로
개최되었다. 무대 뒷면에는 대형 디지
털 전광판이 설치되어 댄서나 음악가
들의 동작을 클로즈업하여 보여준다.

인디언을 비롯한 참가대표들을 소개하고, 회장의 인사가 끝나자 4살짜리
소녀가 나와서 캐나다 국가를 부르는데 ,너무도 신선하고 감동적이었다.

춤과 음악이 달라질 때마다 출연자들이 자연스럽고 재빠르게 무대를 변
환시키는 모습은 정말 놀랍다. 출연자들은 대부분 캘거리 사람들인데, 특
히 젊은 남녀학생들이 나와서 춤추고 노래하는 솜씨는 너무도 발랄하고
세련되었다. 이것을 보면서 우리나라 학생들의 공부에 찌들고 억눌린 모
습이 떠올랐다. 니스 카니발에서 보았던 어린 소년 소녀들의 천진하고 생
기발랄한 퍼포먼스들도 오버랩되어 나타났다.

쇼가 끝나면 화려한 불꽃놀이가 밤하늘을 수놓으며 피날레를 장식한다.
우리는 숙소인 샌드만 호텔(Hotel Sandman)로 돌아오기 위해 불꽃놀이를
뒤로 하고 서둘러 운동장을 빠져 나왔다.

■ 지하철에서 내리면 축제장 입구

로데오 축제가 벌어지는 스탬피드 공원은 캘거리 시내의 다운타운에서

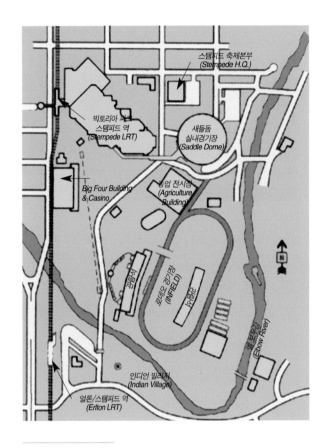

스탬피드 축제본부
(Stempede H.Q.)

빅토리아 파크
스탬피드 역
(Stempede LRT)

Big Four Building
& Casino

새들돔
실내경기장
(Saddle Dome)

농업 전시장
(Agriculture
Building)

로데오 경기장
(INFIELD)

엘보우 강
(Elbow River)

인디언 빌리지
(Indian Village)

얼톤/스탬피드 역
(Erlton LRT)

**스탬피드 공원 상세 안내
지도**

동남쪽으로 몇 블록 떨어진 곳에 위치하고 있다. 스카이라인이라는 전철(우리나라와는 달리 지하철이 아니라 지상철이다)을 타고 빅토리아파크 스탬피드 역(Victoria Park Stampede)이나 얼톤/스탬피드 역(Erlton/Stampede)에서 내리면 바로 스탬피드 공원이 나온다.

스탬피드 공원의 전체면적은 약 16만 평(137에이커)이다. 이 공원 안에는 로데오 경기장을 비롯하여, 농업전시장, 마구간, 1988년 캘거리 동계올림픽 경기장으로 사용되었던 새들돔 실내경기장(Saddeldome), 카지노, 극장, 어린이 공원 등 여러 가지 시설물이 들어서 있다. 이 공원에 있는 여러 시설에서는 연간 1000회 이상의 각종 전시회나 이벤트가 열린다. 로데오 경기가 벌어지는 경기장의 관람석은 17,000 석이며, 경기장 뒤로는 1,100마리의 말을 동시에 수용할 수 있는 마방이 있다.

흰 바탕에 붉은 색의 카우보이 실루엣이 들어간 축제 시설물의 이미지 표준화 작업이 매우 훌륭하였다. 안내소, 매표소, 매점, 전화부스 등의 지붕을 카우보이 모자로 만들어 이미지를 통일한 점도 돋보였다.

■ 엘리자베스 여왕도 두 차례나 참관

 스탬피드 축제기간 중 축제관람객을 보면 2014년도의 경우 매일 8만 5,600명에서 16만 4,000명까지 입장하여 10일간 관람객 총수는 126만 3,000여 명이 입장하였다.

 이는 2013년도의 입장객 113만 3,000명 보다 3만 명이 증가한 숫자이다. 이들 입장객의 60%는 지역 주민이고, 40%는 외부 관광객이다(2015 Calgary Stempede Media Guide).

 캘거리 스탬피드에는 할리우드의 유명 스타나 영국 왕실의 인사들도 종종 모습을 드러낸다. 캐리 그랜트(Cary Grant)나 브래드 피트(Brad Pitt), 영화 '슈퍼맨'으로 유명한 크리스토프 리버(Christopher Reeve) 등이 스탬피

독특한 디자인의 축제 안내소 축제 안내소의 지붕을 카우보이 모자로 만들어 축제 이미지를 잘 표현하고 있다.

스탬피드 관람석 스탬피드 축제의 관람석은 17,000명을 수용할 수 있다. 입장료는 날짜와 좌석의 위치에 따라 다르다.

드 축제의 특별손님으로 초대되기도 하였다. 영국여왕 엘리자베스 2세와 부군 필립공은 1951년과 1973년에 걸쳐 두 차례나 참석하였으며, 찰스 왕자와 앤드류 왕자는 1977년에 참관하였다.

■ 축제기간 중 지역 내 유입액만 1,160억 원

스탬피드 축제의 입장료는 날짜에 따라, 또 좌석의 위치에 따라 다르다. 로데오 경기의 경우 결승이 열리는 마지막 토요일과 일요일의 입장료가 약간 비싸고, 마차경주와 야간 쇼의 경우는 처음 이틀간의 입장료가 약간 비싸다. 또 좌석의 위치에 따라 입장료에 차이가 있다.

2016년도의 경우 가장 싼 요금은 35캐나다달러(3만원)이고, 가장 비싼 좌석의 경우 282캐나다달러(24만 4,000원)이다. 마차경주와 야간 쇼의 경우에도 가장 싼 49캐나다달러(4만 2,000원)에서부터 가장 비싼 121캐나다달러(10만 5,000원)까지 다양하다. 한편 장애인석은 가장 싼 요금체계에 준하고 있다.

캘거리 스탬피드 축제의 수입과 지출규모는 〈표4〉와 같다. 이 표에 의하면 2014년도의 경우 축제를 통한 수입은 1억 3천 7백만 캐나다달러(1,300억 원), 지출은 1억 3천 5백만캐나다달러(1,280억 원)에 이른다.

스탬피드 축제가 지역에 미치는 경제적 효과도 엄청나서 2014년도의 경우 축제기간 중 캘거리 지역에 유입된 관광수입은 3억 4천 5백만캐나다달러(3,278억 원)에 달하였다고 한다.

〈표4〉 캘거리 스탬피드 축제의 수입과 지출규모

단위: 1,000 CAD(원)

	2013년도	2014년도
수입	133,023원(1,264억 원)	137,057원(1,300억 원)
지출	130,004원(1,235억 원)	134,802원(1,280억 원)
순익	3,019원(19억 원)	2,255원(20억 원)

자료 : 2015 Calgary Stampede Media Guide

기업의 후원은 캘거리 스탬피드의 오랜 전통

스탬피드 축제의 수입에는 입장료나 판매수익 외에도 각종 기업들의 스폰서가 매우 중요한 역할을 한다. 기업이나 기업가들의 자발적인 후원금은 캘거리 스탬피드 축제 초기부터의 전통이다. 현재 에어캐나다, Transalta, 코닥, 캘거리 해럴드 등 280여 개의 기업체나 기관단체들이 캘거리 스탬피드를 후원하고 있다. 2000년도의 경우 앨버타 로타리는 스탬피드에 710만 달러(60억 원)를 기부하기도 하였다.

캘거리 스탬피드의 수입은 축제 프로그램을 개선하고, 스탬피드 공원과 그 시설들을 개선하고 확장하는 데 쓰인다. 스탬피드 공원은 캘거리 스탬피드 위원회가 캘거리 시로부터 임대하여 시민들을 위해 운영하고 있다.

눈길을 끄는 웰컴배너 축제장 내의 각종 시설물과 배너의 디자인이 돋보인다.

■ 1,000명의 기금출연자들과 2,000명의 자원봉사자들

우리는 2001년 7월 6일 낮에 로데오 경기를 관람한 후 스탬피드 본부(headquarter)가 있는 올림픽가 1410번지를 찾았다. 우리가 온 목적을 이야기하였더니 잠시 후 40대 초반의 아름다운 여성이 나타났다. 사전에 약속도 없이 불쑥 나타난 우리에게 미셸 뒤부아(Michelle Dubois)라는 프랑스식 이름의 그녀는 바쁜 와중에서도 친절히 인터뷰에 응해주었다. 그녀는 상품 개발 매니저(Product Development Manager)라는 직함을 가지고 있었으며 축제사무국에서 두 번째로 높은 직위에 있는 사람이었다. 그녀의 명함 뒤에는 캘거리 스탬피드의 모토인 '지구 최고의 옥외 쇼'와 축제의 기본목적 그리고 스탬피드 축제의 중요 내용을 새겨 놓았다.

우리가 세계의 유명축제를 찾아 다니며 본 결과, 상당히 많은 경우 여성이 이런 역할을 매우 훌륭히 잘 수행하고 있음을 알 수 있었다. 여성의 섬세한 감각이 축제를 기획하고 연출하는 데 더 적합할 수도 있다는 생각이 들었다.

캘거리 스탬피드는 비영리단체인 '캘거리 전시 및 스탬피드 위원회 (Calgary Exhibition & Stampede)'가 운영한다. 위원회는 25명의 위원 (director)으로 구성되어 있는데, 모두 보수를 받지 않고 일한다. 위원 중 20명은 스탬피드 주주들에 의해 선출되고, 3명은 캘거리 시장에 의해 임명되며, 한 명은 앨버타 주지사에 의해 임명된다. 나머지 한 명은 직전회 장이 된다.

현재 1억 달러 이상의 자산을 소유하고 있는 캘거리 전시 및 스탬피드 (Calgary Exhibition & Stampede)의 재산은 기금출연자들(shareholders)의 공동재산이다. 기금출연자들은 이익배당을 받지 않으며, 그들의 출연 지분에 대한 사례도 받을 수 없다. 그들의 출연기금은 매매의 대상이 될 수 없으며, 앨버타주 밖의 사람에 의해 보유될 수 없다. 기금출연자가 사망할 경우 상속자에게 승계될 수 없다. 2001년 7월 현재 기금출연자들은 1,151 명이다.

이로 미루어 볼 때 캘거리 전시 및 스탬피드 위원회는 지역을 사랑하는 수많은 사람들이 순수한 동기에서 자신의 재산을 출연하며, 지역발전을 위해 공동으로 봉사하고 있는 조직임을 알 수 있다.

스탬피드 조직의 핵심에는 자원봉사자들이 있다. 현재 50개의 위원회에서 2,000명의 헌신적인 개인들이 봉사하고 있다. 이 자원봉사자들은 각종 이벤트를 조직하고, 캘거리 스탬피드를 더욱 발전시키며, 그리고 외부 손님들을 맞이하는 데 연중 자유롭게 그들의 시간을 바쳐 봉사한다. 그들의 지역사회를 사랑하는 정신과 지칠 줄 모르는 노력은 스탬피드 축제를 성공으로 이끄는 데 있어 빠뜨릴 수 없는 부분이다.

캘거리 스탬피드의 성공비결과 배울 점

첫째, 지역민의 긍지와 자부심을 고양시킬 수 있는 축제를 개최할 필요가 있다. 지역주민이 적극 참여하는 성공적인 축제를 만들기 위해서는 주민들의 공통적인 관심사나 지역민의 염원과 자긍심을 불러일으키는 내용을 소재로 채택해야 한다. 캘거리 스탬피드의 성공요인 중 하나는 캐나다에서 가장 우수한 쇠고기를 생산하는 지역적 특성에 적합한 주제인 카우보이 축제를 택하였다는 점이다.

캘거리 주민들의 목축에 대한 자부심은 대단하다. 그런데 로데오 경기는 모든 종목이 말을 다루고 소를 다루는 경기이다. 따라서 이 경기는 목축으로 강한 프라이드를 갖고 있는 캘거리 사람들의 정서에 부합하는 축제이다. 따라서 축제기간 중에는 모든 주민이 자신이 카우보이, 카우걸처럼 옷을 입고 행동하는 것이다. 그러므로 그렇게 많은 기금출연자들과 자

원봉사자들이 나오는 것이다.

스탬피드 위원회에 기부한 지분 공유자들이나 25명의 위원장 모두 자신의 재산을 기부하고 자신의 시간을 바쳐 일하는 사람들이다. 뿐만 아니라 약 2,000명에 이르는 자원봉사자들이 연중 자기의 시간을 내어서 헌신적으로 봉사하고 있다. 캘거리 전시 및 스탬피드 위원회에서 매년 발행하는 연감(annual report)에 자원봉사자 전원의 명단을 실어 이들의 노고에 특별한 감사의 표시를 하고 있다.

둘째, 젊은이들의 열정을 축제에 원동력화해야 한다. 지역 젊은이들의 참여 없이는 축제의 지속성도 보장될 수 없다. 캘거리 스탬피드에서는 젊은이들에 대해 지속적으로 투자와 지원을 하고 있다. 젊은이들을 위한 예

카우걸 도우미 캘거리 스탬피드에서는 젊은이들의 열정이 축제의 원동력이 되고 있다. 젊은이들의 지역사회에 대한 애정과 자원봉사활동은 스탬피드 축제를 성공으로 이끄는데 있어 빠뜨릴 수 없는 부분이다.

스탬피드 본부 앞에서

술공연학교의 운영, 캘거리 쇼밴드에 대한 지원, 6세~12세 사이의 어린이를 위한 농장체험 프로그램, 4H 프로그램 등을 적극 지원함으로써 젊은이들로 하여금 지역사회와 농업적 전통에 대한 자부심과 긍지를 가지게 하고, 아울러 개인의 성장과 시민정신을 앙양함으로써 그들의 문화와 전통의 튼튼한 뿌리를 개발하는 기회를 지속적으로 제공하고 있는 것이다. 이러한 정책이 캘거리 스탬피드 축제를 원래의 향기를 잃지 않으면서 지속적으로 발전하게 하는 원동력으로 작용하고 있는 것이다.

셋째, 축제의 기본 목적과 비전에 부합된 '지역개방형의 대형경연'을 축제의 중심연행으로 채택함으로써 경연의 치열성, 연행력 및 축제성을 동시에 확보할 수 있는 축제구도에 주목할 필요가 있다.

즉 경연의 치열성을 확보하기 위하여 세계의 모든 카우보이나 카우걸들이 경연에 참여할 수 있도록 지역개방형 경연구도를 취하면서, 로데오 경기에는 거액의 상금을 걸고 있고, 기량과 성적에 따른 경연 리그를 편성하고 있음을 볼 수 있다. 그리고 경연 종목과 경연방식의 다양화, 경연의 권위와 흥미의 확보, 명확한 규정과 심판의 공정성 등을 확보하여 경연의 연행력을 확보하고 있음을 볼 수 있다. 이와 함께 각종 승마묘기, 그랜드스탠드 쇼 등 방문객들에게 '보여주기 위한 프로그램'을 경연과 병립시켜 축제의 즐거움을 배가시키고 있음을 알 수 있다.

그러나 우리나라 대부분의 지역축제에서는 '보여주기 위한 프로그램'

을 중심연행으로 삼고 중심연행과 관련성이 높지 못한 잡다한 행사들을 주변연행으로 나열시켜놓는 구도에서 크게 벗어나지 못하고 있음을 볼 수 있다.

따라서 지역민과 방문객들의 직접적, 주체적인 참여가 확보되는 중심연행을 개발할 필요가 있다. 그리고 '보여주기 위한 연행'이 필요한 경우 이와 병립시키고 그 내용은 최대한 정선할 필요가 있다.

캘거리 스탬피드 외에도 리우 카니발, 요사코이 마쯔리 등 다수의 세계 유명축제에서는 참여형 중심연행으로 초대형경연을 채택하고 있음을 볼 수 있다. 물론 초대형경연을 중심연행으로 채택한다고 해서 모든 문제가 해결되는 것은 아니다. 캘거리 스탬피드처럼 경연의 치열성과 연행력을 확보하면서 동시에 축제성을 가미시킬 수 있는 치밀한 전략이 검토되어야 할 것이다.

아무튼 우리나라 다수의 지역축제에서 볼 수 있는 바와 같이 축제예산의 대부분을 연예인들이나 공연단 초청에 사용하여 당해 축제의 본질과는 거리가 먼 '보여주기 위한 프로그램'을 중심으로 삼고 있는 축제구도는 이제 재검토되어야 마땅하다.

넷째, 지역축제의 브랜드 네이밍(Brand naming)이 중요하다. 캘거리에서는 '스탬피드(stampede)'라는 축제 브랜드를 채택하였는데 이미 앞에서 언급한 바와 같이 스탬피드라는 말은 원래 '소 떼 따위가 놀라서 우르르 도망하는 모양'을 뜻하는 단어이다. 문화권이 다른 우리들에게는 이 브랜드가 지닌 의미가 잘 전달되기 어렵지만, 캘거리인들이 추구하는 축제의 기본목적과 비전을 함축하면서도 서부의 향취를 물씬 풍기는 브랜드 개발에 성공한 것으로 평가되고 있다. 즉 캘거리에서는 스탬피드 축제의 기본목적과 비전을 "지역의 농업, 교역, 엔터테인먼트, 스포츠, 레크레이션,

그리고 교육적 수요를 충족하면서, 지역민과 방문객들이 함께 서부적 경험을 즐기는 데 있다"라고 명시하고 있는데 '스탬피드'라는 축제 브랜드는 이상과 같은 다양한 목적을 잘 함축하면서도 매력적인 브랜드라는 것이다. 따라서 '스탬피드'라는 독특한 브랜드는 이 축제의 정체성과 경쟁력 확보에 크게 기여하고 있다고 볼 수 있다.

축제 네이밍과 관련하여 지적하고 싶은 점은 '대축제'니, '국제축제'니 하는 명칭은 재고할 필요가 있다고 본다. 축제 스스로의 경쟁력을 높여 국·내외적 명성을 쌓아서 '대축제'가 되고 '국제축제'가 되는 것이지 그러한 명칭을 붙였다고 해서 되는 것은 아니라고 본다. 세계적으로 성공한 유명축제 중에서도 '대축제'니 '국제축제'니 하는 명칭을 찾아보기 어려운 것이 사실이다.

그러나 우리나라 대부분의 지역축제를 보면 네이밍 작업에 너무 소홀하였다는 느낌이 든다. 타 지역과 차별화되면서 축제의 정체성과 지향점을 함께 담고 있는 명칭을 부여하는 작업도 축제의 성공을 위한 매우 중요한 일임을 잊지 말아야 할 것이다.

PLUS TIP

캘거리 스탬피드 홈페이지

http://www. calgarystampede.com

REFERENCE

참고문헌

김춘식(2001), "세계 최대 카우보이 축제 캘거리 스탬피드의 성공비결", 『문화도시
　　　　　문화복지』. 한국문화정책개발원.

정경훈(2001), 『문화 이벤트 연출론』, 대왕사.

http://www. calgarystampede.com

Calgary Exhibition & Stampede(2001), *Annual Report 2000*.

Calgary Herald, 2001년 7월 7일자.

2001 Calgary Stampede Parade Program

2001 Calgary Stampede Daily Events Schedule

Calgary Stampede Board(2001), *Calgary Stampede Media Guide 2001*.

Calgary Stampede Board(2001), *The Legend Continues*.

Calgary Stampede Board(2015), *2015 Calgary Stampede Media Guide*

찾아보기

주제별 찾아보기

■ 축제의 성공요인과 배울점

■ 홈페이지 주소